アーモンドだから、おいしい

下園昌江

文化出版局

JN093173

Chapitre 1

しっとり
コクのある

アーモンド菓子

Chapitre 2

カリッ、サクッと
香ばしい

アーモンド菓子

* 「B.P.」はベーキングパウダーのことです。
* 「塩」とあるのはすべてゲランドの塩（顆粒）です。
* バターはすべて食塩不使用のものを使っています。
* オーブンは電気オーブンを使用しています。焼成温度と時間は機種によって多少異なるので、焼き色を見て調整してください。

アーモンド菓子の魅力

アーモンドを使ったお菓子は、「味わい」「食感」「コク」の3要素がおいしさの決め手になります。香ばしい風味やカリッとした食感を楽しみたいときは、大きめのサイズで使用すると、より効果的です。また粉状のアーモンドプードルを生地に練り込んだお菓子には、小麦粉だけでは得られない風味の豊かさやコクが加わります。クッキーに使えばサクッと、パウンドケーキに使えばしっとりとした食感がアップするため、アーモンドプードルを使いこなせばお菓子作りの楽しみがぐんと広がります。

知っておきたいアーモンドのこと

〈アーモンドとは〉

アーモンドはバラ科サクラ属の植物で、桃やあんずなどの仲間です。桃やあんずは果肉を食べますが、アーモンドはかたい殻の中に入っている「仁」と呼ばれる種子部分を食べます。アーモンドの歴史は非常に古く、紀元前から存在していたことがさまざまな古文書で確認されています。温暖な気候の地中海沿岸沿いの地域で栽培が盛んになり、ギリシャ、スペイン、イタリア、フランスなどでは古くからアーモンドを料理やお菓子に多用しています。現在、アーモンド生産の大半を占めるのはアメリカ。18世紀にスペインの宣教師がカリフォルニアに伝えたといわれています。日本で流通しているアーモンドは、9割以上がアメリカ産。ほかにわずかですがイタリア産やスペイン産があります。日本でも栽培されていますが、生産量が少なく、流通することはほとんどありません。

〈アーモンドの種類〉

アーモンドの品種は数多くありますが、大別すると「スイートアーモンド」と「ビターアーモンド」の2種で一般的に食用は「スイートアーモンド」です。市販のアーモンドは「生」と「ロースト」がありますが、お菓子作りに使う場合は基本的に「生」で、必要に応じてローストしたり、生地と一緒に焼き込みます。

〈アーモンドの保存方法〉

アーモンドは水分が少ないため、比較的長期間保存ができます。ホール、ダイス、スライスは5～6か月、プードルは2～3か月を目安に使いきるようにしてください。酸化や湿気を防ぐため、密閉容器に入れて冷蔵庫で保存を。冷凍する場合は密閉容器に入れ、冷凍庫で半年程度保存できます。

〈アーモンドの形状と使い方〉

本書では4つの形状のアーモンドを使用しています。お菓子に合わせて最適なものを選んで使いましょう。

ホール
アーモンドの形を生かしてそのままお菓子のトッピングにしたり生地のフィリングとして使用。用途に応じて、砕いて使うこともある。

ダイス
アーモンドを粒状にカットしたものでサイズは数種類ある。生地の中に混ぜ込んだり、表面にトッピングして使用することが多い。

スライス
アーモンドをスライスしたもの。薄いため食感が軽く、生地に混ぜたり表面に散らして、香ばしい食感を楽しみたいときに使用することが多い。

プードル（パウダー）
アーモンドを粉状にひいたもの。生地に混ぜ込みやすいので焼き菓子に使用されることが多い。アーモンドの油脂分が生地全体にしっとり感とコクを与える。

そのほかに「プラリネ」も使っている。プラリネは、砂糖を煮つめてキャラメル化したものとローストしたアーモンドを合わせて、ペースト状にしたもの。アーモンドとキャラメルの香ばしさとコクがある。生地やクリーム、チョコレートなどに混ぜて使用することが多い。

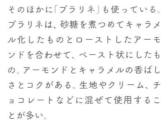

二十数年前にお菓子の専門誌で、あるパティシエが「うちのお菓子はほとんどアーモンドを使っているよ。フランス菓子には欠かせない素材だからね」と語っていました。そのときはあまりピンとこなかったのですが、25年近くお菓子を作り続けてきた現在、アーモンドは私のお菓子作りに欠かせない存在になっています。

私は焼き菓子を中心としたお菓子教室を主宰しています。焼き菓子に使う基本的な材料は、バター・砂糖・卵・小麦粉の4種類ですが、ここにアーモンドをプラスすると、驚くほどに味わいが変わってきます。

ホールやスライス、ダイスなどの形がはっきりしたアーモンドを使うとカリッとした食感や香ばしさが生まれ、食欲をそそります。そして私がいちばん多く使うのが粉状のアーモンドプードル。クッキーはサクッと香ばしく、パウンドケーキはしっとりと焼き上がり、アーモンドの豊かな風味とコクが加わって、お菓子がぐんとおいしくなるのが実感できます。

本書ではさまざまな形状のアーモンドを使用したお菓子を紹介しています。アーモンドの効果が隠し味になっているものから主役になっているものまで、それぞれアーモンドの持ち味を生かした魅力が生きています。ぜひ、アーモンドを使ったお菓子の広がりやおいしさを存分に感じていただきたいと心から願っています。

下園昌江

基本の作業

レシピに何度か出てくる生地ののばし方や、バタークリームの作り方、
型の準備のしかたは、アーモンドのお菓子作りの基本になる作業です。
写真を見ながらしっかり覚えましょう。

タルト＆クッキー生地ののばし方

1

冷蔵庫でねかした生地を出し、周囲1cmくらいをあけ
てラップをふんわりと包み直す。

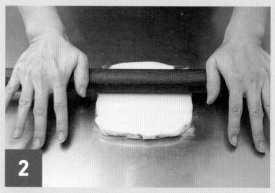

2

生地をやわらかくするために、ラップの上からめん棒
でたたく。その後めん棒を転がして1cm厚さくらいに
のばし、ラップごとひっくり返して同様にのばす。

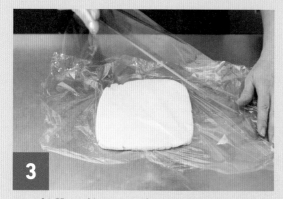

3

ラップを開いて新しいラップをのせ、生地をサンドする。

4

生地の両側にルーラーを置いて、めん棒でのばす。

＊ ルーラーは生地を均一の厚さにのばすために置くもの。専用のものは
製菓材料店で購入可。本書ではホームセンターの端材を活用。

タルト生地（大）の型への敷き込み方　直径18cmのタルト型

1　3mm厚さで直径約25cmにのばした生地を型にのせ、生地の周囲を寄せながら少しずつ型に落として、角までしっかり敷く。

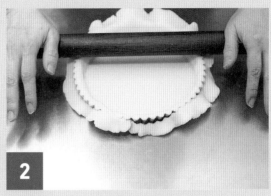

2　めん棒を転がして、型からはみ出した生地を落とす。

3　両手の親指を型の側面に押し当てながら、型を回して生地を密着させる。人さし指を側面の波形に沿わせて、軽く生地を押す。

4　フォークで底面に穴をあける（ピケ）。

タルト生地（小）の型への敷き込み方　直径6.5cmのタルトリング

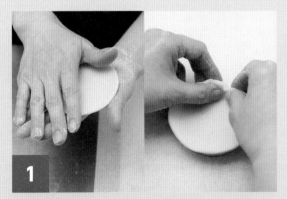

1　2.8mm厚さにのばした生地を直径8.8cmの丸型で抜く。両手に軽く打ち粉（強力粉）をつけて手にのせ、しなやかな状態にする。オーブンシートにのせたタルトリングに生地をのせ、型を回しながら親指で少しずつ底に落としていく。

2　裏返して、生地が角までしっかり落ちていることを確認する。オーブンシートにのせて冷蔵庫で30分ほど休ませ、型からはみ出した生地をペティナイフの背で落とす。

バタークリーム（卵黄ベース）の作り方

1

ボウルに室温に戻したバターを入れ、ポマード状になるまでゴムべらで練り混ぜる。

2

鍋にグラニュー糖と分量の水を入れて火にかけ、食品温度計で115～117℃になるまで加熱する。

＊ 鍋肌に飛んだシロップをそのままにしておくと砂糖が再結晶化するので、ときどき水でぬらしたはけで落とす。

3

加熱している間に、別のボウルに卵黄を入れ、ハンドミキサーの「中速」で1分ほど混ぜる。

4

2をひも状に垂らしながら3に加え、ハンドミキサーの「高速」で白っぽくとろりとなるまで2分ほど攪拌する。

5

1を3回に分けて加え、その都度ハンドミキサーの「中速」でなめらかになるまで混ぜる。

＊ クリームがかたくて混ざりにくいときは、ボウルの底を1秒ほど弱火に当てて混ぜる。これを数回繰り返す。

6

バニラオイルを加えて、ハンドミキサーの「中速」で30秒ほど混ぜる。

バタークリーム（卵白ベース）の作り方

1

ボウルに室温に戻したバターを入れ、ポマード状になるまで泡立て器で練り混ぜる。

2

鍋にグラニュー糖と分量の水を入れて火にかけ、食品温度計で115〜117℃になるまで加熱する。

＊ 鍋肌に飛んだシロップをそのままにしておくと砂糖が再結晶化するので、ときどき水でぬらしたはけで落とす。

3

加熱している間に、別のボウルに卵白を入れ、ハンドミキサーの「低速」で30秒ほど混ぜる。

4

グラニュー糖を加え、ハンドミキサーの「高速」で角がピンと立つまで攪拌する。

5

2をひも状に垂らしながら4に加え、ハンドミキサーの「高速」でさらに混ぜ、きめの細かいメレンゲにする。

6

1に5を数回に分けて加え、その都度泡立て器でなめらかになるまで混ぜる。

＊ クリームがかたくて混ざりにくいときは、ボウルの底を1秒ほど弱火に当てて混ぜる。これを数回繰り返す。

型の準備

バターをぬる
室温に戻したバターを型の内面にはけでまんべんなくぬり、バターが固まるまで冷蔵庫に入れておく。

バターをぬって粉をまぶす
上記と同様にバターをぬって冷蔵庫に入れる。冷蔵庫から出して茶こしで強力粉を型の内面にまんべんなくふり、型をひっくり返して余分な粉をはたき落とす。

アーモンドスライスをはりつける
上記と同様にしてバターを厚めにぬり、アーモンドスライスを1枚ずつはりつけて、バターが固まるまで冷蔵庫に入れる。アーモンドダイスの場合は型にバターをぬって全量を入れ、型を回しながらまんべんなくつける。

オーブンシートを敷く

パウンドケーキなどのように焼き縮みしにくいものはオーブンシート、シンプルデコレーションケーキ（p.28）のスポンジ生地のように焼き縮みするものはロール紙を使いましょう。

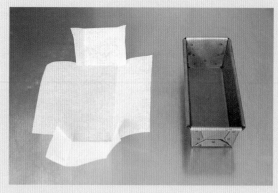

パウンド型
型に合わせてオーブンシートに折り目をつけ、角の重なる部分に切り込みを入れる。

丸型
底の直径より1cmほど大きい円をロール紙に描いて切り、1cm間隔で1cmの切り込みを入れる。側面は型の高さより1cm長く切ったロール紙2枚を入れる。

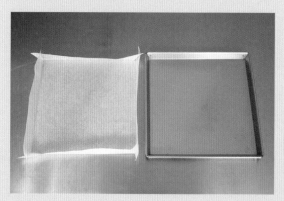

ロールケーキ天板
型に合わせてオーブンシートに折り目をつけ、角の重なる部分に切り込みを入れる。

しっとりコクのあるアーモンド菓子

Chapitre 1

アーモンドは良質の油脂分を含むため、パウダーやペースト状にして生地やクリームに練り込むと、しっとりとした食感やコクのある味わいが生まれます。焼きたてならではのおいしさはもちろん、少し時間をおくことでよりいっそう深い味わいに。ぜひ作って味の変化を楽しんでください。

マンデルクーヘン
Mandelkuchen
アーモンドケーキ

アーモンドプードルをたっぷり使って、しっとり食感と風味のよさが魅力の焼き菓子。
材料を順番に混ぜていくだけなので、手軽に作れます。

材料

上部直径18（底部直径14.7）×高さ4.4cmの
マンケ型1台分

とき卵 ___ 100g
微粒子グラニュー糖 ___ 85g
アーモンドプードル ___ 70g
A ┌ 薄力粉 ___ 35g
　└ B.P. ___ 2g
バター ___ 80g
ラム酒 ___ 10g
アーモンドスライス ___ 12g

下準備

・ とき卵は室温に戻す。

・ アーモンドプードルは粗めのざるで
　ふるう。

・ Aは合わせてふるう。

・ バターは湯せん（約60℃）にかけてと
　かす（とかしバター）。

・ 型にバター（分量外）をぬって冷蔵庫で
　冷やし、バターが固まったら強力粉
　（分量外）をふって余分な粉をはたく。

・ オーブンは天板を入れて170℃に
　予熱する。

作り方

1 ボウルにとき卵を入れ、グラニュー
糖を加えて泡立て器で円を描くよう
にして50回混ぜる **a**。アーモンドプ
ードルを加え、同様にして混ぜる

2 ゴムべらにかえて **A** を加え、底から
上に返すようにして混ぜる。

3 とかしバターに **2** を1/4量ほど加え
て **b** よく混ぜ、**2** に戻し入れて底か
ら上に返すようにして混ぜる。

4 ラム酒を加えて同様にして混ぜ、型
に流し入れて、アーモンドスライス
を散らす。

5 170℃のオーブンで40〜45分焼く。
＊ 生地の中央を指で軽く押したとき、跳ね返る弾力があればOK。

6 型から出して、網にのせて冷ます。

食べごろ・保存方法

焼いた当日は香ばしくて軽い食感。翌日からしっとりとして濃厚な
味わいに。ラップで包んで室温で約5日。

ガトー・ポワール・アマンド
Gâteau poires-amandes
洋梨のアーモンドケーキ

アーモンドと相性のよい洋梨を合わせたケーキ。
生クリームを入れることで、しっとりふんわりと焼き上がります。

材料
15cm角のスクエア型1台分
バター ___ 65g
微粒子グラニュー糖 ___ 68g
アーモンドプードル ___ 40g
とき卵 ___ 65g
A ┌ 薄力粉 ___ 66g
　└ B.P. ___ 1.5g
生クリーム（乳脂肪分45％前後） ___ 20g
ラム酒 ___ 8g
洋梨（缶詰／半割り） ___ 4個
アーモンドスライス ___ 適量
〈仕上げ〉
アプリコットジャム ___ 適量
ピスタチオ ___ 適量
粉砂糖 ___ 適量

下準備
・ バターととき卵は室温に戻す。
・ アーモンドプードルは粗めのざるで
　ふるう。
・ Aは合わせてふるう。
・ 洋梨はペーパータオルで水気を取
　り、4〜5mm厚さにスライスする。
・ ピスタチオは刻む。
・ 型にバター（分量外）をぬって冷蔵庫で
　冷やし、バターが固まったら強力粉
　（分量外）をふって余分な粉をはたく。
・ オーブンは天板を入れて180℃に
　予熱する。

作り方
1 ボウルにバターを入れ、グラニュー糖を5回に分けて加え、その都度泡立て器で円を描くようにして30回ほど混ぜる。

2 アーモンドプードルを加え、同様にして混ぜる。とき卵を5回に分けて加え、その都度同様にして混ぜる。
　＊ 温度が低くて生地が締まりやすいときは、ボウルの底を1秒ほど弱火に当てて混ぜる。これを数回繰り返す。

3 ゴムべらにかえてAを加え、底から上に返すようにして混ぜる。生クリーム、ラム酒の順に加えて同様に混ぜる。

4 型に入れてカードで表面を平らにならしa、洋梨を表面に並べ、アーモンドスライスを散らす。

a

5 180℃のオーブンで30分、その後170℃で10分焼く。型から出して、網にのせて冷ます。
　＊ 生地の中央を指で軽く押したとき、跳ね返る弾力があればOK。

6 〈仕上げ〉小鍋にアプリコットジャムと少量の水（分量外）を入れて火にかけ、沸騰させる。5の表面にはけでぬり、ピスタチオを散らす。茶こしで粉砂糖をふる。

食べごろ・保存方法
　焼いた当日は軽やかでふんわりソフトな食感。時間の経過とともにアーモンドの風味が増して濃厚に。密閉容器に入れて冷蔵庫で約3日。食べるときは室温に戻す。

Gâteau arboisien
小麦粉なしのチョコアーモンドケーキ

フランスのフランシュ・コンテ地方の伝統菓子をアレンジしました。
アーモンド効果で焼き上がりはしっとりとした食感。泡立てた生クリームを添えて食べるのがおすすめです。

材料
直径15㎝のクグロフ型1台分

卵黄 ___ 36g
とき卵 ___ 50g
微粒子グラニュー糖
　　___ 30g＋15g＋15g
卵白 ___ 65g
A ┌ アーモンドプードル ___ 100g
　└ ココアパウダー ___ 7g
ビターチョコレート ___ 35g

〈仕上げ〉
粉砂糖 ___ 適量

下準備
・卵白は冷凍庫に入れ、表面がうっす
　ら凍るくらいに冷やす。
・Aは合わせて粗めのざるでふるう。
・チョコレートは3〜5mm角に刻む。
・型にバター（分量外）をぬって冷蔵庫で
　冷やし、バターが固まったら強力粉
　（分量外）をふって余分な粉をはたく。
・オーブンは天板を入れて170℃に
　予熱する。

作り方

1　ボウルに卵黄、とき卵、グラニュー糖30gを入れ、泡立て器で2分ほ
　　ど泡立てる。

2　別のボウルに卵白を入れ、ハンドミ
　　キサーの「低速」で30秒回しながら
　　卵白をほぐす。グラニュー糖15gを
　　加えて、羽根のすじが見えるまで泡
　　立てa、残りのグラニュー糖15gを
　　加えて、角が曲がるくらいまで泡立
　　てるb。

3　1に2をゴムべらでひとすくい加え、
　　メレンゲが見えなくなるまで泡立て
　　器で混ぜる。

4　Aの半量を加え、ゴムべらで底から
　　上に返すようにして混ぜる。2の半
　　量を加えて同様にして混ぜ、残りの
　　Aとチョコレートを加えて同様にし
　　て混ぜる。

5　残りの2を加え、同様にして混ぜる。完全に混ざってから、さらに
　　15〜20回混ぜ、型に流し入れる。

6　170℃のオーブンで25分、その後160℃で10〜15分焼く。
　　＊ 生地の中央を指で軽く押したとき、跳ね返ってくる弾力があればOK。

7　〈仕上げ〉型から出して網にのせて冷まし、茶こしで粉砂糖をふる。

食べごろ・保存方法

　　焼いた当日はチョコレートの風味が強く、翌日以降はアーモンドの
　　味が強くなる。ラップで包んで室温（暑い時期は冷蔵庫）で約3日。

昔懐かしいバタークリームを使ったロールケーキ。
生地とクリーム両方にコーヒーを加えることで、
甘さが引き締まります。
アーモンドスライスの香ばしさと相まって
ついもう一切れ、と食べたくなります。

ガトー・ルレ・オ・カフェ
Gâteau roulé au café
モカロール

材料

長さ27cm1本分

〈生地〉 27cm角のロールケーキ天板1台分

とき卵 ___ 120g

卵黄 ___ 16g

グラニュー糖 ___ 70g

インスタントコーヒー（粉末）
___ 2.5g

水 ___ 2.5g

薄力粉 ___ 52g

A ┌ バター ___ 20g
  └ 牛乳 ___ 10g

〈バタークリーム〉

バター ___ 150g

グラニュー糖 ___ 75g

水 ___ 25g

卵黄 ___ 30g

バニラオイル ___ 2滴

〈コーヒークリーム〉

バタークリーム（左記） ___ 全量

インスタントコーヒー（粉末） ___ 5g

水 ___ 5g

〈シロップ〉

グラニュー糖 ___ 10g

水 ___ 10g

ラム酒 ___ 8g

〈仕上げ〉

アーモンドスライス ___ 50g

粉砂糖 ___ 適量

下準備

・ 生地のインスタントコーヒーは分量の水で溶く。

・ 薄力粉はふるう。

・ Aは小さなボウルに入れ、湯せん（約60℃）にかけて溶かす。

・ バタークリームのバターと卵黄は室温に戻す。

・ アーモンドスライスはオーブンシートを敷いた天板に広げ、170℃のオーブンで13～15分ローストする。

・ ロールケーキ天板にオーブンシートを敷く。

・ オーブンは天板を入れて210℃に予熱する。

作り方

1 〈生地〉ボウルにとき卵、卵黄、グラニュー糖を入れ、ゴムべらで混ぜながら弱火にかけて人肌まで温める。

2 ハンドミキサーの「高速」で3分30秒、「低速」で1分撹拌し、インスタントコーヒー、薄力粉の順に加えて、その都度ゴムべらで底から上に返すようにして混ぜる。粉気がなくなってからさらに20回混ぜる。

3 Aに2をひとすくい入れてゴムべらで均一になるまで混ぜ、2に戻し入れる。底から上に返すようにして20回ほど混ぜる。

4 ロールケーキ天板に流し入れてカードで平らにならし、210℃のオーブンで10分ほど焼く。オーブンシートごとはずして網にのせ、粗熱が取れたらラップをかける。

5 〈バタークリーム〉バターはゴムべらで練ってポマード状にする。

6 鍋にグラニュー糖と分量の水を入れて弱火にかける。
　＊ 鍋肌に飛んだシロップをそのままにしておくと砂糖が再結晶化するので、ときどき水でぬらしたはけで落とす。

7 別のボウルに卵黄を入れ、ハンドミキサーの「中速」で1分ほど混ぜる。6のシロップが115～117℃になったらひも状に垂らしながらハンドミキサーの「高速」で2分ほど撹拌する。

8 7に5のバターを3回に分けて加え、その都度ハンドミキサーの「中速」で30秒撹拌する。最後にバニラオイルを加えて30秒撹拌する。
　＊ クリームがかたくて混ざりにくいときには、ボウルの底を1秒ほど弱火に当てて混ぜる。これを数回繰り返す。

9 〈コーヒークリーム〉インスタントコーヒーを分量の水で溶き、完全に溶けたら8のバタークリームに加えて、ゴムべらで混ぜる**a**。

10 〈シロップ〉小鍋にグラニュー糖と分量の水を入れて中火にかけ、砂糖が溶けたら火から下ろし、粗熱が取れたらラム酒を加えて混ぜる。

11 4をひっくり返してオーブンシートをはがし、はがしたシートを再度かぶせて生地をひっくり返す。

12 ラップをはずしてはけで10をぬり、手前から1.5cm間隔で3本、ナイフで浅い切り込みを入れる**b**。9のコーヒークリーム150gをのせて、パレットナイフで平らにのばす。
　＊ 巻き終わりになる部分は薄めにぬる。

13 手前の生地を少し折って芯にし、オーブンシートを持ち上げながら手前から奥に向かって巻き上げる**c**。シートに包んで、冷蔵庫で30分～1時間冷やす。

14 9の残りのコーヒークリームをロールケーキにのせ、パレットナイフで全体にぬり広げる。

15 〈仕上げ〉アーモンドスライスを周囲につけ、茶こしで粉砂糖をふる。

食べごろ・保存方法
　密閉容器に入れて冷蔵庫で約3日。食べるときは室温に戻す。

Cake à la vanille et au rhum

バニラとラムのパウンドケーキ　→作り方 p.24

シンプルな焼きっぱなしのパウンドケーキですが、深い味わい。
砂糖の一部をはちみつに変えることで、より複雑な香りが広がります。

Cake aux abricots et aux amandes

アプリコットとアーモンドのパウンドケーキ　→作り方p.25

アーモンドとアプリコットは好相性。やさしい風味のアーモンド生地に、
アプリコットの酸味がアクセントになって、飽きないおいしさに。

23

ケーク・ア・ラ・ヴァニーユ・エ・オ・ロム

Cake à la vanille et au rhum

バニラとラムのパウンドケーキ

材料

18×7×高さ5.5cmのパウンド型1台分

バター ___ 80g

微粒子グラニュー糖 ___ 72g

はちみつ ___ 10g

アーモンドプードル ___ 24g

バニラオイル ___ 2滴

* あればバニラビーンズのさや1/4本分。

とき卵 ___ 80g

A ┌ 薄力粉 ___ 76g
  └ B.P. ___ 2.2g

ラム酒 ___ 7g

下準備

・ バターととき卵は室温に戻す。

・ Aは合わせてふるう。

・ 型にオーブンシートを敷く。

・ オーブンは天板を入れて170℃に
  予熱する。

作り方

1 ボウルにバターを入れ、ゴムべらで練り混ぜてやわらかめのポマード状にする。

2 グラニュー糖を5回に分けて加え、その都度泡立て器で50回、円を描くようにして混ぜる。はちみつ、アーモンドプードル、バニラオイルを順に加え、その都度同様にして混ぜる。

3 とき卵を8回に分けて加え、その都度なめらかになるまで混ぜる。

* 生地やとき卵が冷たいと生地が分離しやすい。生地の温度が低いときはボウルの底を1〜2秒弱火に当てて混ぜる**a**。これを繰り返す。もし分離しそうになったら、先に**A**の1/4量を加えてよく混ぜ合わせてから残りの卵を加える。

4 **A**を2回に分けて加え、その都度ゴムべらで底から上に返すようにして混ぜる。粉気がなくなってからさらに20回、同様にして混ぜる。

5 ラム酒を加えて混ぜ、型に生地を入れる。中央を低く、両端を高くする（p.25a参照）。

6 170℃のオーブンで40分前後焼くが、15分経過したところで、ナイフで中央に浅い切り込みを入れる**b**。残り8〜10分で焼き色を確認し、焦げそうなら温度を10℃下げる。

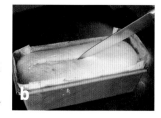

* はちみつが入っているため、焼き色がつきやすいので注意を。

7 焼き上がったら型から出し、2〜3分後の熱いうちにラップをぴっちりと巻く。

食べごろ・保存方法

焼いた当日より翌日のほうが全体に香りが回っておいしい。ラップで包んで室温で約5日。

ケーク・オ・ザブリコ・エ・オ・ザマンド
Cake aux abricots et aux amandes
アプリコットとアーモンドのパウンドケーキ

材料

18×7×高さ5.5cmのパウンド型1台分

バター ___ 80g

微粒子グラニュー糖 ___ 65g

はちみつ ___ 3g

アーモンドプードル ___ 8g

バニラオイル ___ 1滴

とき卵 ___ 78g

A ┌ 薄力粉 ___ 75g
　└ B.P. ___ 1.5g

〈フィリング〉

ドライアプリコット ___ 50g

グラニュー糖 ___ 25g

水 ___ 50g

〈シロップ〉

フィリングの漬け汁 ___ 15g

アマレット ___ 8g

＊ キルシュやラム酒でもよい。

アーモンドスライス（飾り用）___ 7g

下準備

・ バターととき卵は室温に戻す。

・ Aは合わせてふるう。

・ 〈フィリング〉小鍋にグラニュー糖と分量の水を入れて軽く沸騰させ、ドライアプリコットを入れた容器に注いで、落としラップをし、室温に一晩おく。使う直前にペーパータオルで水気をきって、7mm角に切る。

・ 型にオーブンシートを敷く。

・ オーブンは天板を入れて170℃に予熱する。

作り方

1　ボウルにバターを入れ、ゴムべらで練り混ぜてやわらかめのポマード状にする。

2　グラニュー糖を5回に分けて加え、その都度泡立て器で大きな円を描くようにして50回混ぜる。

3　はちみつ、アーモンドプードル、バニラオイルを順に加え、その都度同様にして混ぜる。

4　とき卵を8回に分けて加え、その都度なめらかになるまで混ぜる。

　＊ 生地ととき卵が冷たいと生地が分離しやすい。生地の温度が低いときはボウルの底を1～2秒弱火に当てて混ぜる。これを繰り返す。もし分離しそうになったら、先にAの1/4量を加えてよく混ぜ合わせてから残りの卵を加える。

5　Aを2回に分けて加え、その都度ゴムべらで底から上に返すようにして混ぜる。粉気がなくなってからさらに20回、同様にして混ぜる。生地の1/5量ほどを型に入れ、ゴムべらで平らにならす。

　＊ アプリコットがいちばん下まで沈むと焼き上がりがかたくなるので、生地を少量入れておく。

6　残りの生地にフィリングを加えて混ぜ、型に入れる。中央を低く、両端を高くしa、アーモンドスライスを散らす。

7　〈シロップ〉フィリングの漬け汁にアマレットを加え混ぜる。

8　6を170℃のオーブンで43～45分焼き、型から取り出して網にのせる。

　＊ 残り8～10分で焼き色を確認し、焦げそうなら温度を10℃下げて調整する。はちみつが入っているため、焼き色がつきやすいので注意を。

9　上面と側面に7をはけでぬり、粗熱が取れたらラップで包んで乾燥を防ぐ。

食べごろ・保存方法

半日以上おいたほうが味が落ち着いておいしい。ラップで包んで室温（暑い時期は冷蔵庫）で約5日。アーモンドスライスがラップにくっつきやすいので上面はふわっとかける。食べるときは室温に戻す。

Cake aux marrons et thé hojicha
栗とほうじ茶のパウンドケーキ

パウンド生地とダックワーズ生地の2種の生地を楽しめる焼き菓子。
和栗のほっくりした食感と、ほうじ茶の香ばしい風味が懐かしくほっとする味わいです。

材料

約23×4.5×高さ6cmのスリムパウンド型1台分

〈パウンド生地〉

マロンペースト ___ 40g

バター ___ 46g

微粒子グラニュー糖 ___ 43g

アーモンドプードル ___ 8g

とき卵 ___ 20g

卵黄 ___ 20g

ラム酒 ___ 6g

バニラオイル ___ 1滴

A ┌ 強力粉 ___ 20g
  ├ コーンスターチ ___ 20g
  └ B.P. ___ 0.8g

〈ダックワーズ生地〉

卵白 ___ 38g

グラニュー糖 ___ 20g

B ┌ アーモンドプードル ___ 33g
  ├ 粉砂糖 ___ 17g
  └ ほうじ茶（または製菓用の
    ほうじ茶パウダー）___ 2g

栗の渋皮煮 ___ 5〜6粒

粉砂糖 ___ 適量

下準備

・ マロンペースト、バター、とき卵、卵黄は室温に戻す。

・ Aは合わせてふるう。

・ ダックワーズ生地の卵白は冷蔵庫で冷やしておく。

・ Bのほうじ茶はミルで粉末状にし、他の材料と合わせて粗めのざるでふるう。

・ 栗の渋皮煮はペーパータオルで水気を取る。

・ 型にオーブンシートを敷く。

・ オーブンは天板を入れて170℃に予熱する。

作り方

1 〈パウンド生地〉ボウルにマロンペーストを入れ、バターを4回に分けて加え、その都度木べらで練り混ぜながら均一な状態にする。

2 グラニュー糖を3回に分けて加え、その都度木べらで大きな横長の楕円を描くようにして30回混ぜる。アーモンドプードルを加えて同様にして混ぜる。

3 とき卵と卵黄を少しずつ加え、その都度均一な状態になるまで混ぜる。

＊ 生地やとき卵が冷たいと生地が分離しやすい。生地の温度が低いときはボウルの底を1〜2秒弱火に当てて混ぜる。これを繰り返す。もし分離しそうになったら、先にAの1/4量を加えてよく混ぜ合わせてから残りの卵を加える。

4 ラム酒とバニラオイルを加えて混ぜる。

5 Aを2回に分けて加え、その都度木べらで底から上に返すようにして混ぜる。

6 〈ダックワーズ生地〉ボウルに卵白を入れ、ハンドミキサーの「低速」で30秒ほど回してほぐす。「高速」に切り替え、グラニュー糖を3回に分けて加え、しっかりとしたメレンゲを作る。

7 Bを5回に分けて加え、ゴムべらで底から上に返すように混ぜる。その都度7〜8割方混ざったところで次を加えて混ぜる。

8 5を丸口金（口径1cm）をつけた絞り出し袋に入れ、型の底に薄く絞り、栗を横に寝かせて並べる a。残りの生地を栗の上に絞り、ゴムべらで表面を平らにならす。

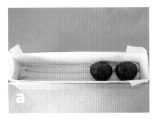

9 7を丸口金（口径1cm）をつけた絞り出し袋に入れ、8の上に3本絞り、その上に直径2cmくらいのドーム形を約10個×2列絞る b。

10 細かく刻んだほうじ茶適量（分量外）を全体に散らし、粉砂糖を2回に分けて茶こしでふるう。

11 170℃のオーブンで約40分焼く。型から出して網にのせて冷ます。

食べごろ・保存方法

当日より翌日以降のほうが、アーモンドの風味が増しておいしい。ラップで包んで室温（暑い時期は冷蔵庫）で約5日。

ガトー・ア・ラ・クレーム・オ・ブール

Gâteau à la crème au beurre
シンプルデコレーションケーキ

バターのおいしさをストレートに味わえるケーキ。
スポンジにほんの少しアーモンドプードルを加えるだけで、ほどよいコクと豊かな風味が加わります。

材料

直径15cmの丸型1台分

〈スポンジ生地〉

とき卵 —— 96g

グラニュー糖 —— 60g

A ┌ 薄力粉 —— 45g
  └ コーンスターチ —— 22g

アーモンドプードル —— 10g

バター —— 30g

〈バタークリーム〉

バター —— 200g

卵黄 —— 60g

キルシュ —— 10g

バニラオイル —— 2滴

〈イタリアンメレンゲ〉

グラニュー糖 —— 75g + 8g

水 —— 25g

卵白 —— 52g

〈シロップ〉

グラニュー糖 —— 12g

水 —— 24g

キルシュ —— 3g

下準備

・ **A**は合わせてふるう。

・ アーモンドプードルは粗めのざるで
  ふるう。

・ スポンジ生地のバターは湯せん（約
  60℃）にかけてとかす（とかしバター）。

・ バタークリームのバターは室温に戻す。

・ 型にロール紙を敷く。

・ オーブンは天板を入れて170℃に
  予熱する。

作り方

1 〈スポンジ生地〉ボウルにとき卵とグラニュー糖を入れ、ゴムべらで混ぜながら弱火にかけ、人肌程度に温める。

2 ハンドミキサーの「高速」で3分、「低速」で1分攪拌し、きめを整える。

3 **A**を2回に分けて加え、ゴムべらで底から上に返すようにして混ぜる。粉気がなくなってから30回ほど混ぜ、アーモンドプードルを加えて混ぜる。

4 とかしバターに**3**をひとすくい入れて混ぜ、**3**に戻し入れる。底から上に返すようにして20回ほど混ぜて、型に流し入れる。

5 170℃のオーブンで35〜38分焼く。オーブンから出して台に型ごと落とし、熱い空気を抜く。型を逆さにして網に取り出し、冷ます。粗熱が取れたらラップで包む。

6 〈バタークリーム〉ボウルにバターを入れてゴムべらでなめらかになるまで練り混ぜる。卵黄を3回に分けて加え、その都度泡立て器で混ぜる。

7 キルシュとバニラオイルを加えて混ぜる。ボウルの底を弱火に1〜2秒かけて混ぜるを繰り返し、マヨネーズくらいのやわらかさにする。

8 〈イタリアンメレンゲ〉小鍋にグラニュー糖75gと分量の水を入れて弱火にかける（シロップ）。

9 火にかけている間に、ボウルに卵白とグラニュー糖8gを入れて混ぜ合わせ、ハンドミキサーの「高速」で攪拌してしっかりしたメレンゲを作る。

10 **8**のシロップが115〜117℃になったら、**9**にひも状に垂らしながら加え、ハンドミキサーの「高速」で3分泡立てる。

11 **7**に**10**を3回に分けて加え、その都度泡立て器で円を描くようにして混ぜる。

　　　＊ バターをやわらかい状態にして少しずつメレンゲを入れる。バターが冷たいと分離しやすいので注意して。

12 〈シロップ〉小鍋にグラニュー糖と分量の水を入れて火にかけて溶かし、火から下ろす。粗熱が取れたらキルシュを加えて混ぜる。

13 **5**のスポンジの表面と底の焼き色がついた部分を波刃包丁で切り落とし、横3枚にスライスする。

14 いちばん下の生地にシロップをはけでぬり**a**、**11**のクリームをパレットナイフでぬる（約65g）。

15 いちばん上のスポンジの両面にシロップをぬり、**14**に重ねる**b**。再び**11**のクリームをパレットナイフでぬり（約65g）、真ん中のスポンジも同様にして重ねる。

16 スポンジ全体にクリームをパレットナイフでぬり、残りのクリームを星口金（口径12mmの8切り）をつけた絞り出し袋に入れて絞る。

食べごろ・保存方法

　　　半日〜1日たったころが全体がなじんでおいしい。密閉容器に入れて冷蔵庫で2〜3日。食べるときは室温に戻す。

ヴィクトリアサンドイッチケーキ
Victoria sandwich cake
ヴィクトリアサンドイッチケーキ

カトルカールの生地でジャムをサンドするイギリスのお菓子を、より軽く食べられるようにアレンジ。
ジャムをサンドするときには少しはみ出すくらいにぬるとおいしそうに見えます。温かい紅茶とどうぞ。

材料

直径15cmの丸型1台分

〈生地〉

とき卵 ___ 100g

グラニュー糖 ___ 85g

A ┌ 薄力粉(エクリチュール) ___ 65g
　　　* フランス産小麦100%で風味がよい。ない
　　　　ときは準強力粉でもOK。
　　├ コーンスターチ ___ 15g
　　└ B.P. ___ 1.5g

アーモンドプードル ___ 8g

バター ___ 80g

〈サンド用クリーム〉

バター ___ 50g

粉砂糖 ___ 10g

ラズベリージャム ___ 65g

〈仕上げ〉

粉砂糖 ___ 適量

下準備

・ とき卵は室温に戻す。

・ **A**は合わせてふるう。

・ アーモンドプードルは粗めのざるで
　ふるう。

・ 生地のバターは湯せん(約60℃)にかけ
　てとかす(とかしバター)。

・ サンド用のバターは室温に戻す。

・ 型にバター(分量外)をぬって冷蔵庫で
　冷やし、強力粉をまぶして余分な粉
　をはたく。

・ オーブンは天板を入れて170℃に
　予熱する。

作り方

1 〈生地〉ボウルにとき卵とグラニュー糖を入れて軽く混ぜ、ゴムべら
で混ぜながら弱火にかけて人肌程度に温める。

2 ハンドミキサーの「高速」で3分30秒、「低速」で1分攪拌してきめを
整える。

3 **A**を2回に分けて加え、ゴムべらで底から上に返すようにして混ぜ
る。粉気がなくなってから20回ほど混ぜてつやを出す。

4 アーモンドプードルを加えて、底から上に返すようにして混ぜる。

5 とかしバターに**4**をひとすくい加え
てつやが出るまでしっかり混ぜ、**4**
に戻し入れて30回ほどゴムべらで
底から上に返すようにして混ぜ**a**、
型に流し入れる**b**。

a

6 170℃のオーブンで30〜35分焼く。
ひっくり返してオーブンシートを敷
いた網の上に出し、粗熱が取れたら
再びひっくり返して冷ます。

b

　　* 上面を平らにするためひっくり返して冷ま
　　　す。生地が網にくっつきやすいのでオーブン
　　　シートを敷く。

7 〈サンド用クリーム〉バターはゴムべら
でポマード状に練り、粉砂糖を加え
て混ぜ合わせる。

8 **6**を横半分にカットし、**7**のバタークリームとラズベリージャムを
それぞれぬってサンドする。

　　* クリームとジャムが少しはみ出すくらいにぬってサンドすると、横から見たときにおい
　　　しそうに見える。

9 〈仕上げ〉粉砂糖を茶こしでふるいかける。

食べごろ・保存方法

サンドしてから2時間ほどおくと、生地とクリームがほどよくなじ
んでおいしい。当日はふんわり軽く、翌日は少し締まって食べごた
えとコクが出てくる。ラップで包んで冷蔵庫で約3日。食べるとき
は室温に戻す。

タルト・オ・フリュイ・セック

Tarte aux fruits secs
木の実のタルト

数種類のナッツにコーヒー風味のヌガーをまとわせた焼きっぱなしのタルト。
サクサクのタルトとナッツの香ばしさ、コーヒーのほろ苦さがマッチした濃厚な味わいです。

材料

直径18cmのタルト型1台分

〈タルト生地〉

バター ___ 63g

粉砂糖 ___ 40g

アーモンドプードル ___ 16g

とき卵 ___ 20g

A ┌ 薄力粉 ___ 105g
　└ B.P. ___ 0.5g

〈アーモンドクリーム〉

バター ___ 54g

粉砂糖 ___ 54g

アーモンドプードル ___ 54g

とき卵 ___ 37g

薄力粉 ___ 9g

〈ヌガー〉

B ┌ バター ___ 20g
　│ グラニュー糖 ___ 20g
　│ はちみつ ___ 20g
　│ 生クリーム（乳脂肪分45％前後）
　│ 　___ 20g
　│ インスタントコーヒー（粉末）
　└ 　___ 1.5g

ナッツ（アーモンド、ヘーゼルナッツ、
　くるみ、カシューナッツ）___ 各30g

下準備

・ バターととき卵は室温に戻す。

・ Aは合わせてふるう。

・ ヌガーのナッツ類は160℃のオーブンで20～25分ローストし、ヘーゼルナッツは冷めてから皮を取り除いて半分にカットする。

・ タルト型にバターをぬる。

・ オーブンは天板を入れて170℃に予熱する。

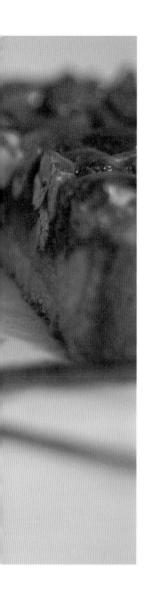

作り方

1 〈タルト生地〉ボウルにバターを入れ、木べらで練り混ぜて、かためのポマード状にする。

2 粉砂糖を3回に分けて加え、その都度木べらで大きな横長の楕円を描くようにして30回混ぜる。アーモンドプードルを加えて同様にして混ぜ、さらにとき卵を3回に分けて加え、同様にして混ぜる。

3 Aを半量ずつ加え、その都度底から上に返すようにして混ぜる。最後にカードにかえて、粉気がなくなるまで全体を混ぜ合わせる

4 四角にまとめてラップで包み、冷蔵庫で3時間〜一晩休ませる。

5 ラップをはずして生地を包み直し、めん棒でたたいて少しずつのばす。1cm厚さくらいになったら、新しいラップでサンドし、両側に3mmのルーラーを置いて直径約25cmの円形にのばす。ラップで包んで冷蔵庫で20〜30分休ませる。

    ＊ 途中、生地がやわらかくなったときは、冷蔵庫で30分ほど休ませる。

6 タルト型に敷き込み(p.9参照)、フォークで底面に穴をあける(ピケ)。直径約25cmの円形にカットしたオーブンシートを敷いて重しをのせ**a**、170℃のオーブンで25分焼く。取り出してオーブンシートと重しをはずし、軽く色づくまで5〜7分焼く。

7 〈アーモンドクリーム〉ボウルにバターを入れ、木べらでポマード状になるまで練り混ぜる。

8 粉砂糖を2回に分けて加え、その都度木べらで大きな楕円を描くようにして混ぜる。アーモンドプードルも2回に分けて加え、その都度同様にして混ぜる。とき卵は3回に分けて加え、その都度同様にして混ぜる。

9 薄力粉を加え、同様にして混ぜる。冷蔵庫で半日〜1日ねかす。

    ＊ ねかすことでクリームが落ち着き、焼いたときにナッツが沈みにくくなる。

10 〈ヌガー〉鍋にBを入れて火にかけ、115℃になったら火を止めてナッツ類を加え**b**、ゴムべらで混ぜる。オーブンシートの上に広げて冷ます。

11 9を冷蔵庫から出して5〜10分室温に戻し、ゴムべらで混ぜて6に入れる。カードで平らにのばし、10を全体に散らす。

12 170℃のオーブンで35〜40分焼く。型ごと網にのせて冷まし、粗熱が取れたら、型からはずす。

食べごろ・保存方法

    冷めたころが生地がサクッとして香ばしい。時間とともにしけってくるので、すぐに食べないときはアルミホイルで包んで室温で保存。2〜3日で食べきる。

タルト・オ・フレーズ

Tarte aux fraises
いちごのタルト

手で持って食べられるカジュアルなタルト。
生のいちごとジャムを組み合わせることで、甘酸っぱさが強調されてさっぱりといただけます。

材料
直径6.5cmのタルトリング6個分

〈タルト生地〉

バター ___ 63g
粉砂糖 ___ 40g
アーモンドプードル ___ 16g
とき卵 ___ 20g
A [薄力粉 ___ 105g
   B.P. ___ 0.5g

〈アーモンドクリーム〉

バター ___ 25g
粉砂糖 ___ 25g
アーモンドプードル ___ 25g
とき卵 ___ 23g
ラム酒 ___ 2g

〈マスカルポーネクリーム〉

マスカルポーネ ___ 25g
生クリーム（乳脂肪分40％前後） ___ 50g
グラニュー糖 ___ 6g

〈仕上げ〉

いちご ___ 6個
ラズベリージャム（またはいちごジャム）
　　 ___ 約50g
ピスタチオ ___ 適量

下準備

・ バターととき卵は室温に戻す。

・ Aは合わせてふるう。

・ ピスタチオは刻む。

・ いちごはへたを取って、縦に7mm厚さにスライスする。

・ タルトリングの内側に薄くバターをぬる。

・ オーブンは170℃に予熱する。

作り方

1 〈タルト生地〉ボウルにバターを入れ、木べらで練り混ぜて、かための ポマード状にする。

2 粉砂糖を3回に分けて加え、その都度木べらで大きな横長の楕円を描くようにして混ぜる。アーモンドプードルを加え、同様にして混ぜる。さらにとき卵を3回に分けて加え、同様にして混ぜる。

3 Aを半量ずつ加え、その都度底から上に返すようにして混ぜ、最後にカードにかえて、粉気がなくなるまで全体を混ぜ合わせる。

4 四角にまとめてラップで包み、冷蔵庫で3時間〜一晩休ませる。

5 ラップをはずして生地を包み直し、めん棒でたたいて少しずつのばす。1cm厚さくらいになったら、新しいラップでサンドし、両側に3mmのルーラーを置いてのばす。そのあとめん棒で2〜3回のばして厚みをやや薄くする。ラップで包んで冷蔵庫で20〜30分休ませる。

 ＊ 途中、生地がやわらかくなったときは、冷蔵庫で30分ほど休ませる。

6 冷蔵庫から出して直径8.8cmの丸抜き型で6枚抜き、オーブンシートにのせたタルトリングに敷き込みa、底面にフォークで穴をあける（ピケ）。ラップをかけて冷蔵庫で30分ほど休ませる。タルトリングの縁からはみ出た生地をペティナイフの背で落とし（p.9参照）、ラップをかけて冷蔵庫に入れておく。

7 〈アーモンドクリーム〉ボウルにバターを入れ、木べらでポマード状になるまで練り混ぜる。

8 粉砂糖を2回に分けて加え、その都度木べらで大きな楕円を描くようにして混ぜる。アーモンドプードルも2回に分けて加え、その都度同様にして混ぜる。とき卵も2回に分けて加え、その都度同様にして混ぜる。最後にラム酒を加え、同様にして混ぜる。

9 6に8を約16gずつスプーンで入れて平らにならし、170℃のオーブンで25分焼く。網にのせて冷ます。

10 〈マスカルポーネクリーム〉ボウルに生クリームとグラニュー糖を入れて泡立て器で混ぜ、氷水に当てながら泡立てる。

11 とろみがついてきたら、マスカルポーネを加え、泡立て器を持ち上げたとき、クリームの先端がおじぎをするくらいまで泡立てる。

12 〈仕上げ〉9にラズベリージャムをスプーンでぬり、11をスプーンで適量のせてピスタチオを散らし、いちごを並べる。

食べごろ・保存方法

 当日がサクッとして香ばしい。密閉容器に入れて冷蔵庫で約2日。いちごはスライスすると乾きやすいので食べる直前に飾る。

ケーク・エコセ

Cake écossais

ケーク・エコセ

フランスのアルザス地方やドイツなどで親しまれている
伝統菓子をクグロフ型でアレンジ。
2種類の生地を層にして作るので断面が美しく、味や食感の違いも楽しめます。

材料

直径15cmのクグロフ型1台分

〈アーモンド生地〉

バター ＿＿ 65g

粉砂糖 ＿＿ 50g

アーモンドプードル ＿＿ 70g

とき卵 ＿＿ 68g

バニラオイル ＿＿ 1滴

A ┌ 薄力粉 ＿＿ 12g
  └ コーンスターチ ＿＿ 12g

オレンジピール（市販・5mmカット）
　　　　＿＿ 50g

グランマルニエ ＿＿ 12g

〈ココア生地〉

卵白 ＿＿ 56g

微粒子グラニュー糖 ＿＿ 35g

B ┌ アーモンドプードル ＿＿ 55g
  │ 粉砂糖 ＿＿ 20g
  └ ココアパウダー ＿＿ 7g

下準備

・バターととき卵は室温に戻す。

・アーモンドプードルは粗めのざるで
　ふるう。

・Aは合わせてふるう。

・オレンジピールはグランマルニエを
　加えて混ぜ、2時間～一晩おく。

・ココア生地の卵白は冷蔵庫で冷やし
　ておく。

・Bは合わせて粗めのざるでふるう。

・型にバター（分量外）をぬって冷蔵庫で
　冷やし、強力粉をまぶして余分な粉
　をはたく。

・オーブンは天板を入れて180℃に
　予熱する。

作り方

1 〈アーモンド生地〉ボウルにバターを入れ、木べらでポマード状に練り
　混ぜる。

2 粉砂糖を3回に分けて加え、その都度木べらで横長の楕円を描くよ
　うにして混ぜる。アーモンドプードルを2回に分けて加え、その都
　度同様にして混ぜる。さらにとき卵を4回に分けて加え、その都度
　均一になるまで混ぜ、バニラオイルを加えて同様にして混ぜる。

3 Aを加えて底から上に返すようにして混ぜる。オレンジピールを加
　えて全体に混ぜ、丸口金（口径12mm）をつけた絞り出し袋に入れる。

4 〈ココア生地〉ボウルに卵白を入れ、ハンドミキサーの「低速」で30秒、
　回しながらほぐす。

5 グラニュー糖を3回に分けて加え、その都度ハンドミキサーの「高
　速」で30秒ほど撹拌して、角がしっかり立つメレンゲにする。

6 Bを3回に分けて加え、その都度ゴムべらでボウルの底から上に返
　すようにして混ぜる。

7 型に6を入れ、ゴムべらで型に沿っ
　て薄くのばすa。

　＊ ココア生地は気泡がつぶれやすいので、さわ
　　りすぎないこと。

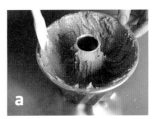

8 3を7に絞り入れてb、ゴムべらで中
　央を低め、周囲を高めに整えるc。

9 180℃のオーブンで20分、170℃で
　25～30分焼く。型から取り出して
　網にのせ、粗熱が取れたら乾燥しな
　いようにラップで包む。

食べごろ・保存方法

　2～3日以降がアーモンドのうまみ
がしっかりと感じられ、しっとり感
も増す。ラップで包んで室温（暑い時期
は冷蔵庫）で約5日。

Pain de Gênes

パン・ド・ジェーヌ

直訳すると「ジェノヴァのパン」。1800年代にフランス軍がジェノヴァで包囲された際、兵士たちがアーモンドを食べて生き延びたという話に由来します。アーモンドの魅力がぎゅっと詰まった伝統的な焼き菓子です。

材料

上部直径18（底部直径14.7）×高さ4.4cmのマンケ型1台分

A ┌ アーモンドプードル ___ 100g
　└ 粉砂糖 ___ 100g

卵白 ___ 20g

とき卵 ___ 112g

B ┌ 薄力粉 ___ 10g
　└ コーンスターチ ___ 18g

ラム酒 ___ 5g

バター ___ 50g

アーモンドスライス ___ 15gほど

〈仕上げ〉

アプリコットジャム ___ 適量

下準備

・ Aは粗めのざるでふるう。

・ とき卵は室温に戻す。

・ Bは合わせてふるう。

・ バターは湯せん（約60℃）にかけてとかす（とかしバター）。

・ 型にバター（分量外）を厚めにぬり、アーモンドスライスを全体にはりつける a。

・ オーブンは天板を入れて170℃に予熱する。

作り方

1 ボウルにAと卵白を入れ、ひとまとまりになるまで手でこねる b。

2 とき卵を大さじ1ほど入れて、手で混ぜ合わせる。これを4回繰り返し、最後に残りのとき卵を半量ずつ加えて、その都度ゴムべらで均一になるまで混ぜ合わせる c。

3 ハンドミキサーの「高速」で、生地が白っぽくもったりとしてくるまで3分ほど攪拌する。

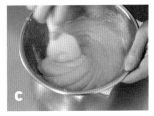

4 Bを加え、ゴムべらで底から上に返すようにして混ぜ、粉気がなくなってから20回ほど混ぜる。ラム酒を加え、同様にして混ぜる。

5 とかしバターに4を1/5量ほど入れてよく混ぜ、4に戻し入れる。ゴムべらで底から上に返すようにして20回ほど混ぜ合わせ、型に流し入れる。170℃のオーブンで40分焼く。型から出して網にのせ、粗熱を取る。

6 〈仕上げ〉小鍋にアプリコットジャムと少量の水（分量外）を入れて火にかけ、沸騰させる。5の表面にはけでぬる。

食べごろ・保存方法

　半日〜一晩おいたほうがアーモンドの濃厚な味わいが広がっておいしい。密閉容器に入れて室温で約5日。

コロンビエ
Colombier
オレンジとアーモンドのケーキ

南仏の伝統菓子「コロンビエ」をベースにした焼き菓子です。
アーモンドの風味が濃厚な生地に
シャリッとしたラム風味の糖衣が大人っぽい味わいです。

材料

上部直径18（底部直径14.7）×高さ4.4cmの
マンケ型1台分

A ┌ 粉砂糖 ___ 75g
  └ アーモンドプードル ___ 75g

卵白 ___ 18g

とき卵 ___ 93g

バニラオイル ___ 1滴

コーンスターチ ___ 22g

オレンジピール（市販・5mmカット）
  ___ 50g

グランマルニエ ___ 5g

ラムレーズン（市販） ___ 38g

ラム酒 ___ 5g

バター ___ 40g

アーモンドダイス（16割） ___ 32g

〈ラム風味の糖衣〉

B ┌ 粉砂糖 ___ 50g
  │ ラム酒 ___ 6g
  └ 水 ___ 5g

アプリコットジャム ___ 適量

〈仕上げ〉

オレンジスライスコンフィ（市販）
  ___ 1.5枚

ピスタチオ ___ 適量

粉砂糖 ___ 適量

下準備

・Aは粗めのざるでふるう。

・コーンスターチはふるう。

・オレンジピールはグランマルニエを
  加えて混ぜ、2時間〜一晩おく。

・バターは湯せん（約60℃）にかけてと
  かす（とかしバター）。

・型にバター（分量外）を厚めにぬり、アー
  モンドダイスを全体にはりつける。

・オーブンは天板を入れて170℃に
  予熱する。

作り方

1 ボウルにAと卵白を入れ、ひとまとまりになるまで手でこねる。

2 とき卵を大さじ1ほど入れて、手で混ぜ合わせる**a**。これを3回繰り返し、最後に残りのとき卵を半量ずつ加えて、その都度ゴムべらで均一になるまで混ぜ合わせる。

3 ハンドミキサーの「高速」で、生地が白っぽくもったりとしてくるまで4分ほど攪拌する。

4 バニラオイルを加えてゴムべらで混ぜ、コーンスターチを加えて底から上に返すようにして混ぜる。オレンジピール、ラムレーズン、ラム酒を加え、同様にして混ぜる。

5 とかしバターに**4**を1/5量ほど入れてよく混ぜ、**4**に戻し入れる。ゴムべらで底から上に返すようにして20回ほど混ぜ合わせ、型に流し入れる。

6 170℃のオーブンで30分、160℃で10〜15分焼く。型から出して網にのせ、粗熱を取る。

  ＊焼き上がりは生地の中央を指で押して、弾力があればよい。

7 〈ラム風味の糖衣〉ボウルに**B**を入れて、ゴムべらで混ぜ合わせる**b**。

8 小鍋にアプリコットジャムと少量の水（分量外）を入れて火にかけ、沸騰させる。**6**の表面にはけでぬり、ジャムが乾くまで1時間ほど室温におく。

9 指でさわってもくっつかない程度に乾いたら**c**、**7**をはけでぬる。

  ＊糖衣がかたくてぬりにくい場合は、水をほんの少し加えて溶く。

10 〈仕上げ〉200℃のオーブンに網ごと30〜60秒入れて糖衣を乾かす。網にのせたまま冷まし、半分に切ったオレンジスライスコンフィをのせてピスタチオを散らし、粉砂糖を茶こしでふる。

食べごろ・保存方法

翌日以降のほうがアーモンドの風味が強く感じられる。冷蔵庫で約5日。食べるときは室温に戻す。

ダコワーズ・ア・ラ・クレーム・プラリネ

Dacquoise à la crème pralinée
プラリネクリームのダックワーズ

フランス南西部のDax（ダックス）発祥のお菓子。
アーモンドプードルをたっぷり使った生地は、表面がサクッと中はしっとりとしたテクスチャーです。
日本では小判形のものがおなじみですが、現地では大きく焼いたものがパティスリーに並んでいます。

材料

直径16cmのタルトリング1台分

〈生地〉

卵白 ___ 135g

A ┌ 微粒子グラニュー糖 ___ 40g
  └ 乾燥卵白 ___ 1.3g
  ＊卵白を乾燥させ粉末状にしたもの。メ
   レンゲを作る際に少量加えると泡立ち
   が安定する。

B ┌ 粉砂糖 ___ 60g
  └ アーモンドプードル ___ 100g

粉砂糖 ___ 適量

〈バタークリーム〉

バター ___ 100g

グラニュー糖 ___ 30g

水 ___ 15g

卵黄 ___ 20g

バニラオイル ___ 1滴

〈プラリネのバタークリーム〉

バタークリーム（上記） ___ 全量

アーモンドプラリネ ___ 40g
 ＊ローストしたアーモンドとキャラメル化した
  砂糖を合わせてペースト状にしたもの。

〈仕上げ〉

粉砂糖 ___ 適量

下準備

・卵白は冷凍庫に入れ、表面がうっす
 ら凍るくらいに冷やす。

・Aはよく混ぜ合わせる。

・Bは手のひらでよくすり合わせてか
 ら粗めのざるでふるい、冷蔵庫で冷
 やす。

・バタークリームのバターと卵黄は室
 温に戻す。

・タルトリングの内側を霧吹きでぬら
 し、オーブンシートの上に置く。

・オーブンは180℃に予熱する。

作り方

1 〈生地〉ボウルに卵白を入れて、ハンドミキサーの「低速」で1分ほど回しながらほぐす。

2 Aの2/3量を加え、ハンドミキサーの「高速」で1〜2分撹拌する（羽根を持ち上げたとき、角が曲がるくらい）。残りのAを加えて、さらに「高速」で1分30秒〜2分（角がしっかり立つまで）、撹拌する。

3 Bを5回に分けて加え、その都度ゴムべらで底から上に返すようにして8割方混ぜる。最後に同様にして30〜40回混ぜる。

4 タルトリングに**3**の半量を入れ、パレットナイフで表面を平らにならしてタルトリングをはずす**a**。タルトリングを一度洗い、再度内側に霧吹きをして**3**の残り半量を入れて、同じ作業をする。

a

5 **4**に茶こしで粉砂糖をふり、1〜2分して粉砂糖が生地に溶けて見えなくなったら再度同様にしてふる。

6 180℃のオーブンで23〜25分焼く。オーブンシートごと網にのせて冷まし、オーブンシートをはがす。

7 〈バタークリーム〉バターはゴムべらでポマード状に練り混ぜる。

8 鍋にグラニュー糖と分量の水を入れて弱火にかける。
　＊ 鍋肌に飛び散ったまま放置すると砂糖が再結晶化するので、水でぬらしたはけでときどき落とす。

9 ボウルに卵黄を入れ、ハンドミキサーの「中速」で1分ほど混ぜる。**8**のシロップが115〜117℃になったら少しずつ加えながらハンドミキサーの「高速」で2分撹拌する。

10 **9**に**7**を3回に分けて加え、その都度ハンドミキサーの「中速」で30秒撹拌する。最後にバニラオイルを加えて30秒撹拌する。
　＊ クリームがかたくて混ざりにくいときには、ボウルの底を1秒ほど弱火に当てて混ぜる。これを数回繰り返す。

11 〈プラリネのバタークリーム〉**10**にアーモンドプラリネを加え、ハンドミキサーの「低速」で均一になるまで混ぜ、「高速」で1分撹拌する。

12 **6**の生地1枚を裏返し、星口金（口径12㎜の8切り）をつけた絞り出し袋に**11**を入れて、外側は丸く、内側は渦巻き状に絞り**b**、もう1枚を重ねる。

13 〈仕上げ〉茶こしで粉砂糖をふる。

食べごろ・保存方法
　当日は表面のサクッとした食感を楽しめる。翌日から全体的にしっとり感が強くなる。ラップで軽く包み、冷蔵庫で約5日。食べるときは室温に戻す。

b

ダコワーズ・オ・ザグリューム
Dacquoise aux agrumes
オレンジとレモンのダックワーズ

こちらはころんと丸い形で愛らしいダックワーズ。
マーマレードはある程度煮つめると、だれることがなく味のめりはりも出てきます。

材料

直径約3.5cm 18〜20個分

〈生地〉

卵白 ___ 60g

A ┌ 微粒子グラニュー糖 ___ 18g
　└ 乾燥卵白 ___ 0.6g

　　＊ 卵白を乾燥させ粉末状にしたもの。メレン
　　　ゲを作る際に少量加えると泡立ちが安定
　　　する。

B ┌ 粉砂糖 ___ 27g
　└ アーモンドプードル ___ 45g

粉砂糖 ___ 適量

〈バタークリーム〉 でき上がり約165g

バター ___ 100g

グラニュー糖 ___ 48g

水 ___ 24g

卵黄 ___ 20g

バニラオイル ___ 1滴

〈オレンジ風味のバタークリーム〉

バタークリーム（上記）___ 100g

オレンジリキュール ___ 5g

レモンの皮のすりおろし ___ 1/6個分

マーマレード ___ 約80g

〈仕上げ〉

粉砂糖 ___ 適量

残った
バタークリームの
保存法

ラップに包んで冷凍庫で1か月ほど保存でき
る。使うときは冷蔵庫に移して一晩解凍し、
室温に戻してから泡立て器でなめらかになる
まで混ぜる。

下準備

・ 卵白は冷凍庫に入れ、表面がうっすら凍るくらいに冷やす。

・ Aはよく混ぜ合わせる。

・ Bは手のひらでよくすり合わせてから粗めのざるでふるい、冷蔵庫で冷やす。

・ バタークリームのバターと卵黄は室温に戻す。

・ 紙にガイドラインとなる直径3.5cmの円を描いて天板にのせ、その上にオーブンシートをのせるa。

・ オーブンは180℃に予熱する。

作り方

1　〈生地〉ボウルに卵白を入れて、ハンドミキサーの「低速」で30秒ほど回しながらほぐす。

2　Aの2/3量を加え、ハンドミキサーの「高速」で1分ほど撹拌する（羽根を持ち上げたとき、角が曲がるくらい）。残りのAを加えて、さらに「高速」で1分（角がしっかり立つまで）、撹拌する。

3　Bを5回に分けて加え、その都度ゴムべらで底から上に返すようにして8割混ぜる。最後に同様して15〜20回混ぜる。

4　丸口金（口径11mm）をつけた絞り出し袋に3を入れて、ガイドラインの上にドーム状に絞り、ガイドラインの紙をはずす。

5　茶こしで粉砂糖をふり、1〜2分して粉砂糖が生地に溶けて見えなくなったら再度同様にしてふる。

6　180℃のオーブンで14〜15分焼く。オーブンシートごと網にのせて冷まし、生地をはがす。

7　〈バタークリーム〉p.43の大きなダックワーズの作り方7〜10と同じ。ただし、最後に100gを取り分ける。

8　〈オレンジ風味のバタークリーム〉取り分けたバタークリームにオレンジリキュール、レモンの皮を加えてゴムべらで混ぜ、丸口金（口径10〜11mm）をつけた絞り出し袋に入れる。

9　6の生地の半量の底面に8を絞り（1枚に約5g）、残り半量の生地にマーマレードを薄くぬって（1枚に約4g）、両方を合わせるb。

10　〈仕上げ〉茶こしで粉砂糖をふる。

食べごろ・保存方法

　一晩おいたころが生地全体がやわらかくなり、アーモンドの風味もしっかり出てくるのでおいしい。ラップで包み、冷蔵庫で約5日。食べるときは室温に戻す。

Financier nature / citron
フィナンシェ　プレーン＆レモン

フランスの定番菓子フィナンシェは、焦がしバターの甘く香ばしい香りが魅力。
焼きたてのカリッ、ふわっの食感を味わえるのは手作りならではの醍醐味です。

材料

3.6 × 7.2 ㎝のフィナンシェ型 8個分

バター ＿＿ 70g

卵白 ＿＿ 70g

塩 ＿＿ 0.2g

グラニュー糖 ＿＿ 70g

水あめ ＿＿ 13g

アーモンドプードル ＿＿ 28g

薄力粉 ＿＿ 28g

バニラオイル ＿＿ 1滴

レモンの皮のすりおろし ＿＿ 1/4個分

〈レモンのアイシング〉

粉砂糖 ＿＿ 28g

レモン果汁 ＿＿ 6g

レモンピールの砂糖漬け（市販）
　＿＿ 適量

ピスタチオ ＿＿ 適量

下準備

・卵白は冷蔵庫で冷やす。

・アーモンドプードルは粗めのざるで
　ふるう。

・薄力粉はふるう。

・型にバター（分量外）を厚めにぬる。

・オーブンは天板を入れて230℃に
　予熱する。

作り方

1 鍋にバターを入れて中火にかけ、泡立て器で混ぜながら加熱する。沸騰したら弱火にして沈殿物の色がこげ茶色になるまで加熱して混ぜ続ける**a**。こげ茶色になったら鍋の底を水に当てて色止めをする（焦がしバター）。

2 ボウルに卵白と塩を入れ、泡立て器を左右に動かしてこしを切る。グラニュー糖を加え、同様にして混ぜる。

3 水あめを湯せんにかけてやわらかくし、**2**を泡立て器でひとすくい加えて混ぜる。**2**に戻し入れて、30秒泡立てる。

4 アーモンドプードルを加え、泡立て器で円を描くようにして混ぜる。薄力粉を加え、底から上に返すようにして混ぜる。

5 **1**の焦がしバターを温め直し（80℃）、**4**にひも状に垂らしながら泡立て器で混ぜる。最後に半量ずつに分け、片方にバニラオイル、もう片方にレモンの皮のすりおろしを加えて混ぜ、それぞれ型に流し入れる（4個ずつ）。

6 230℃のオーブンで3分、220℃で8分焼く。型から出して網にのせて冷ます。
＊表面に香ばしい焼き色がつくように高温で焼く。

7 〈レモンのアイシング〉ボウルに粉砂糖とレモン果汁を入れて混ぜる。

8 **5**でレモンの皮のすりおろしを混ぜた生地に**7**をスプーンでぬり**b**、レモンピールの砂糖漬けとピスタチオを飾って、手でさわってもくっつかなくなるまで室温で乾かす。

食べごろ・保存方法

粗熱が取れたころが、まわりがさっくりとして香ばしく、中はふわっとしっとりしておいしい。翌日以降は全体的にしっとりして濃厚な味わいに。ラップで包んで室温で約5日。

マカロン・ア・ランシエンヌ

Macarons à l'ancienne

フランスの田舎風マカロン

フランス各地にはアーモンド、卵白、砂糖だけで作る焼きっぱなしの昔ながらのマカロンがあります。
配合や形はいろいろですが、丸く絞って焼いたものが一般的。
アーモンドをたっぷり使用するので、かむほどにアーモンドのうまみが口に広がります。

材料

直径約3.5cm約20個分

卵白 —— 46g

A ⌈ 粉砂糖 —— 72g
  ⌊ アーモンドプードル —— 72g

バニラオイル —— 1滴

アーモンドエッセンス(あれば) —— 2滴

* ビターアーモンドの香り成分を凝縮させたもの。

下準備

・卵白はボウルに入れ、泡立て器を左右に動かしてこしを切る。

・Aは手ですり合わせてから粗めのざるでふるう。

・紙にガイドラインとなる直径3.5cmの円を描いて天板にのせ、その上
　にオーブンシートをのせる。

・オーブンは180℃に予熱する。

作り方

1　ボウルにAと卵白を入れ、ゴムべらで混ぜ合わせる。バニラオイル
　　とアーモンドエッセンスを加えてさらに混ぜ、丸口金(口径1cm)をつ
　　けた絞り出し袋に入れる。

2　天板のガイドラインの上にドーム形
　　に絞り出しa、表面が乾くまで20〜
　　30分室温におく。ガイドラインの紙
　　をはずす。

　　* 表面を指でさわってもくっつかないくらいb。

3　180℃のオーブンで15〜16分焼き、
　　シートごと網のせて冷まし、完全に
　　冷めたらシートからはずす。

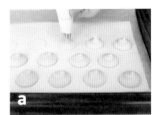

食べごろ・保存方法

　　焼きたてより半日ほどたったほうが
　　アーモンドのうまみを感じられる。
　　ラップで包んで室温で約7日。

卵白やアーモンドが余ったときは……

本書では卵白やアーモンドスライス（またはアーモンドダイス）を使うレシピがたくさんありますが、グラム単位で使うので、残ってしまうこともあります。そんなときはぜひ、アーモンドメレンゲを作ってみて。軽くてサクサク、ほおばると口の中で溶けるのでとっても楽しい食感。アーモンドの風味も楽しめるのでおすすめです。

ムラング・オ・ザマンド

Meringues aux amandes
アーモンドメレンゲ

材料

約20個分

余った卵白 ___ 30g

グラニュー糖 ___ 30g

粉砂糖 ___ 30g

余ったアーモンドスライス

（またはアーモンドダイス）___ 25g

下準備

・ 卵白は冷蔵庫で冷やす。

・ 粉砂糖はふるう。

・ アーモンドスライス（またはアーモンドダイス）は170℃のオーブンで12～15分ローストする。

・ 天板にオーブンシートを敷く。

・ オーブンは120℃に予熱する。

作り方

1　ボウルに卵白を入れ、ハンドミキサーの「低速」で30秒回しながらほぐす。グラニュー糖を3回に分けて加え、ハンドミキサーの「高速」で撹拌して、しっかりとしたメレンゲ（角が立つくらい）にする。

2　粉砂糖を加え、ゴムべらで底から上に返すようにして混ぜる。

3　アーモンドスライスを加え、同様にして混ぜる。天板にスプーンで落とし、120℃のオーブンで80～90分焼く。そのまま天板ごと冷ます。

食べごろ・保存方法

密閉容器に乾燥剤とともに入れ、室温で約1か月。

カリッ、サクッと香ばしい アーモンド菓子

アーモンドは加熱することでカリッとした食感と、香ばしい風味が出てきます。ホールやスライスなどの形状の違いでも食感が異なるので、お菓子によってどの形状を選ぶのかがポイントになります。また、アーモンドプードルはグルテンを含まないため、小麦粉の一部を置き換えることでサクッとした軽やかな食感に仕上がります。

Sablés aux amandes
アーモンドのサブレ　→作り方p.54

アーモンドスライスにあらかじめ粉砂糖をまぶし、ザクッとした食感を生み出すのがポイント。
アーモンド風味を堪能しましょう。

Baci di dama

ころころチョコサンド　→作り方p.55

北イタリアのピエモンテ州生まれで、「貴婦人のキス」という意味を持つお菓子。
2つのクッキーがキスしているような形をしていることから名づけられたとか。
小さくても食べごたえがあるので、ひと口サイズで作りました。

Sablés aux amandes
アーモンドのサブレ

材料
直径約4.5cm 28枚分（直径4.8cmの丸型使用）

バター ___ 70g

A ┌ 粉砂糖 ___ 45g
　└ 塩 ___ 0.8g

アーモンドプードル ___ 25g

卵黄 ___ 15g

ラム酒 ___ 3g

B ┌ 薄力粉 ___ 110g
　└ B.P. ___ 0.5g

〈アーモンドスライスのクロッカン〉

アーモンドスライス ___ 40g

粉砂糖 ___ 28g

水 ___ 4g

下準備

・ バターと卵黄は室温に戻す。

・ Aは合わせる。

・ Bは合わせてふるう。

・ 天板にオーブンシートを敷く。

・ オーブンは170℃に予熱する。

作り方

1 ボウルにバターを入れ、かためのポマード状になるまで木べらで練り混ぜる。

2 Aを2回に分けて加え、その都度最初は木べらでゆっくりと混ぜ、粉砂糖がなじんだら横長の楕円を描くようにして混ぜる。アーモンドプードルを加え、同様にして混ぜる。卵黄、ラム酒を順に加え、その都度同様にして混ぜる。

3 Bを2回に分けて加え、その都度底から上に返すようにして混ぜる。8割方混ざればOK。最後はカードにかえて、生地を底から上に返してボウルに押しつけながら粉が見えなくなるまでしっかり混ぜる**a**。

4 2cm厚さの正方形にまとめ、ラップで包んで、冷蔵庫で3時間～一晩ねかす。

　＊ 時間があれば一晩ねかす。素材どうしがよくなじむ。

5 冷蔵庫から出し、周囲1cmくらいをあけてラップをふんわりと包み直す。

　＊ ラップが密着していると、めん棒でたたいたときに破れるため。

6 生地をやわらかくするために、ラップの上からめん棒でたたく。その後めん棒を転がして1cm厚さくらいにのばし、ラップごとひっくり返して同様にのばす。

7 ラップを開いて新しいラップをのせ、生地をサンドする。生地の両側に3mm厚さのルーラーを置いて、めん棒でのばす**b**。ラップでサンドしたまま冷凍庫で20～30分冷やす。

　＊ 冷蔵庫より冷凍庫のほうが早く冷えてかたくなる。

8 〈アーモンドスライスのクロッカン〉ボウルにアーモンドスライスを入れて分量の水をふり入れ、手で混ぜて全体を湿らせる。粉砂糖を加えて混ぜ合わせ、全体になじんでしっとりしてきたらでき上がり。

　＊ べたついて扱いづらいときは、粉砂糖適量を加える。

9 7を取り出して、直径4.8cmの丸型で抜き、天板に20枚ほど間隔をあけて並べる。表面に卵白（分量外）をはけでぬって、8をのせる。余った生地はひとまとめにし、作り方7から同様にする。

10 170℃のオーブンで17～18分焼き、網にのせて冷ます。残りも同様にして焼いて冷ます。

食べごろ・保存方法

半日くらいおいてからのほうがアーモンドの風味が増す。密閉容器に乾燥剤とともに入れて室温で約1週間。

Baci di dama

ころころチョコサンド

材料

直径約2.2cm21個分

バター ___ 40g

粉砂糖 ___ 15g

アーモンドプードル ___ 25g

薄力粉 ___ 55g

ビターチョコレート（サンド用）___ 16g

下準備

・ バターは室温に戻す。

・ 薄力粉はふるう。

・ 天板にオーブンシートを敷く。

・ オーブンは160℃に予熱する。

作り方

1 ボウルにバターを入れ、かための ポマード状になるまで木べらで練り混ぜる。

2 粉砂糖を加え、横長の楕円を描くようにして混ぜる。アーモンドプードルを2回に分けて加え、その都度同様にして混ぜる。

3 薄力粉を加え、底から上に返すようにして混ぜる。最後にカードでまわりの粉をはらいながら、粉が見えなくなるまで混ぜる。

4 はかりではかりながら3gずつに分割し、手のひらでボール状に丸めて天板に並べる。ラップをかけて30分ほど冷蔵庫で休ませる。

   ＊ 作業中に生地がやわらかすぎて扱いにくい場合は冷蔵庫で30分ほど冷やして作業する。

5 160℃のオーブンで15～16分焼き、網にのせて冷ます。

6 サンド用のチョコレートを湯せん（約50℃）にかけてとかし、少し粘りが出てくるまでa室温にしばらくおく。

7 5の底面に6をスプーンでたらし、もう1枚でサンドしてチョコレートが固まるまでおく（暑い時期は冷蔵庫に入れる）。

食べごろ・保存方法

当日からおいしい。密閉容器に乾燥剤とともに入れて室温（暑い時期は冷蔵庫）で約7日。食べるときは室温に戻す。

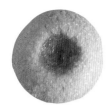

フーサーレンクラッフェル

Husarenkrapferl

ジャムサブレ

ウィーン菓子のフーサーレンクラッフェルというひと口サイズの素朴なクッキー。
ほろっとした口あたりの生地にジャムのフルーティな酸味がよく合います。
ジャムはお好みのものでアレンジしても。

材料
直径約3.5cm21個分

バター ___ 45g
粉砂糖 ___ 25g
卵黄 ___ 10g
レモンの皮のすりおろし ___ 1/8個分
バニラオイル ___ 1滴
アーモンドプードル ___ 12g
薄力粉 ___ 63g
クリスタルシュガー ___ 適量
＊粗めの砂糖。なければグラニュー糖でもOK。
アプリコットジャム ___ 適量

下準備
・ バターと卵黄は室温に戻す。
・ アーモンドプードルは粗めのざるで
  ふるう。
・ 薄力粉はふるう。
・ 天板にオーブンシートを敷く。
・ オーブンは170℃に予熱する。

作り方

1 ボウルにバターを入れ、木べらで練り混ぜながらかためのポマード状にする。

2 粉砂糖を2回に分けて加え、その都度木べらで楕円を描くように混ぜる。卵黄、レモンの皮のすりおろし、バニラオイル、アーモンドプードルを順に加え、その都度同様にして混ぜる。

3 薄力粉を半量ずつ加え、その都度底から上に返すようにして混ぜる。最後はカードにかえて、生地を底から上に返してボウルに押しつけながら粉が見えなくなるまでしっかり混ぜる。

4 2cm厚さくらいの正方形にまとめ、ラップで包んで3時間～一晩ねかす。

5 ラップをはずして台に出し、手のひらで押しつぶすようにして、全体が均一な状態になるまでもんでまとめる。

6 はかりではかりながら、カードで7gに分割し、手のひらでおだんごを作る要領で丸めて、上面にクリスタルシュガーをつけa、天板に並べる。

7 箸の太いほうで真ん中にくぼみを作りb、アプリコットジャムを小さなスプーンで入れる。170℃のオーブンで18分ほど焼き、網にのせて冷ます。

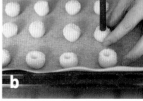

食べごろ・保存方法
密閉容器に乾燥剤とともに入れ、室温で約1週間。

Sablés florentins

フロランタン

アーモンド焼き菓子の代表格。
オーブンの中でキャラメリゼされたアーモンドは、
カリッと香ばしく、キャラメルとはちみつとの相性も最高です。

材料

約7×2cm14個分

バター ___ 53g

粉砂糖 ___ 33g

アーモンドプードル ___ 13g

とき卵 ___ 17g

A ┌ 薄力粉 ___ 87g
  └ B.P. ___ 0.4g

〈ヌガー〉

バター ___ 9g

グラニュー糖 ___ 23g

生クリーム（乳脂肪分45％前後）___ 15g

はちみつ ___ 15g

アーモンドスライス ___ 40g

〈仕上げ〉

ビターチョコレート（コーティング用）
　　 ___ 適量

下準備

・バターととき卵は室温に戻す。

・Aは合わせてふるう。

・天板にオーブンシートを敷く。

・オーブンは170℃に予熱する。

作り方

1　ボウルにバターを入れ、かためのポマード状になるまで木べらで練り混ぜる。

2　粉砂糖を2回に分けて加え、その都度最初は木べらでゆっくりと混ぜ、粉砂糖がなじんだら横長の楕円を描くようにして混ぜる。

3　アーモンドプードルを加え、横長の楕円を描くようにして混ぜる。とき卵を2回に分けて加え、その都度同様にして混ぜる。

4　Aを半量ずつ加えて混ぜ、その都度下から上に返しながら混ぜる。8割方混ざればOK。最後はカードにかえて、生地を底から上に返してボウルに押しつけながら粉が見えなくなるまでしっかり混ぜる。

5　2cm厚さくらいの正方形にまとめ、ラップで包んで冷蔵庫で3時間〜一晩ねかす。

6　冷蔵庫から出し、周囲1cmくらいをあけてラップをふんわりと包み直す。

7　生地をやわらかくするために、ラップの上からめん棒でたたく。その後、めん棒を転がして1cm厚さくらいにのばし、ラップごとひっくり返して同様にのばす。

8　ラップを開いて新しいラップをのせ、生地をサンドする。生地の両端に5mm厚さのルーラーを置いて、めん棒で約17cmの正方形にのばす。ラップでサンドしたまま冷凍庫で20〜30分冷やし、ナイフで15cm角にカットする。

9　170℃のオーブンで18〜20分焼く（表面にうっすら焼き色がつくくらい）。

10　〈ヌガー〉鍋にアーモンドスライス以外の材料を入れて中火にかけ、115℃になったら火を止めてアーモンドスライスを加えて混ぜる a。

11　9に10をのせ、ゴムべらで平らにのばす。ひとまわり大きい二重にしたアルミホイルにのせ、ヌガーが流れないようにまわりを折り曲げて囲む b。170℃のオーブンで18〜20分焼く。

12　ヌガーが温かいうちにヌガー部分を下にして台に置き、端部分をまっすぐにカットする。その後7×2cmにカットし、網にのせて冷ます。

13　〈仕上げ〉ボウルにコーティング用チョコレートを入れ、湯せん（約50℃）にかけてとかす。12の片方の端につけて冷蔵庫で5〜10分冷やし固め、もう片方も同様にして冷やし固める。

食べごろ・保存方法

密閉容器に乾燥剤とともに入れ、室温（暑い時期は冷蔵庫）で約1週間。

Croquants aux amandes et aux noisettes

アーモンドとヘーゼルナッツのクロッカン —作り方p.62

メレンゲにナッツをたっぷり入れて焼いたカリカリ食感のお菓子。
しっかり焼くことでメレンゲの甘さが香ばしさに変わります。

サブレ・フロランタン
Sablés florentins
フロランタン

アーモンド焼き菓子の代表格。
オーブンの中でキャラメリゼされたアーモンドは、
カリッと香ばしく、キャラメルとはちみつとの相性も最高です。

材料

約7×2cm 14個分

バター ___ 53g

粉砂糖 ___ 33g

アーモンドプードル ___ 13g

とき卵 ___ 17g

A ┌ 薄力粉 ___ 87g
　└ B.P. ___ 0.4g

〈ヌガー〉

バター ___ 9g

グラニュー糖 ___ 23g

生クリーム（乳脂肪分45％前後）___ 15g

はちみつ ___ 15g

アーモンドスライス ___ 40g

〈仕上げ〉

ビターチョコレート（コーティング用）
　　___ 適量

下準備

・ バターととき卵は室温に戻す。

・ Aは合わせてふるう。

・ 天板にオーブンシートを敷く。

・ オーブンは170℃に予熱する。

作り方

1　ボウルにバターを入れ、かためのポマード状になるまで木べらで練り混ぜる。

2　粉砂糖を2回に分けて加え、その都度最初は木べらでゆっくりと混ぜ、粉砂糖がなじんだら横長の楕円を描くようにして混ぜる。

3　アーモンドプードルを加え、横長の楕円を描くようにして混ぜる。とき卵を2回に分けて加え、その都度同様にして混ぜる。

4　Aを半量ずつ加えて混ぜ、その都度下から上に返しながら混ぜる。8割方混ざればOK。最後はカードにかえて、生地を底から上に返してボウルに押しつけながら粉が見えなくなるまでしっかり混ぜる。

5　2cm厚さくらいの正方形にまとめ、ラップで包んで冷蔵庫で3時間～一晩ねかす。

6　冷蔵庫から出し、周囲1cmくらいをあけてラップをふんわりと包み直す。

7　生地をやわらかくするために、ラップの上からめん棒でたたく。その後、めん棒を転がして1cm厚さくらいにのばし、ラップごとひっくり返して同様にのばす。

8　ラップを開いて新しいラップをのせ、生地をサンドする。生地の両端に5mm厚さのルーラーを置いて、めん棒で約17cmの正方形にのばす。ラップでサンドしたまま冷凍庫で20～30分冷やし、ナイフで15cm角にカットする。

9　170℃のオーブンで18～20分焼く（表面にうっすら焼き色がつくくらい）。

10　〈ヌガー〉鍋にアーモンドスライス以外の材料を入れて中火にかけ、115℃になったら火を止めてアーモンドスライスを加えて混ぜる a。

11　9に10をのせ、ゴムべらで平らにのばす。ひとまわり大きい二重にしたアルミホイルにのせ、ヌガーが流れないようにまわりを折り曲げて囲む b。170℃のオーブンで18～20分焼く。

12　ヌガーが温かいうちにヌガー部分を下にして台に置き、端部分をまっすぐにカットする。その後7×2cmにカットし、網にのせて冷ます。

13　〈仕上げ〉ボウルにコーティング用チョコレートを入れ、湯せん（約50℃）にかけてとかす。12の片方の端につけて冷蔵庫で5～10分冷やし固め、もう片方も同様にして冷やし固める。

食べごろ・保存方法

密閉容器に乾燥剤とともに入れ、室温（暑い時期は冷蔵庫）で約1週間。

Croquants aux amandes et aux noisettes

アーモンドとヘーゼルナッツのクロッカン　→作り方 p.62

メレンゲにナッツをたっぷり入れて焼いたカリカリ食感のお菓子。
しっかり焼くことでメレンゲの甘さが香ばしさに変わります。

Nougatine aux fruits secs

キャラメルナッツ　→作り方 p.63

香ばしくローストしたナッツにキャラメルを絡めたシンプルで手軽なおやつ。
ナッツは好みのものを使用してもいいし、
あらかじめ数種類のナッツがブレンドされたミックスナッツローストを使うと便利です。

クロッカン・オ・ザマンド・エ・オ・ノワゼット

Croquants aux amandes et aux noisettes

アーモンドとヘーゼルナッツのクロッカン

材料

直径約6.5cm 10枚分

卵白 —— 17g

粉砂糖 —— 67g

薄力粉 —— 20g

アーモンド（ホール／皮つき）—— 40g

ヘーゼルナッツ（ホール／皮つき）—— 20g

とき卵 —— 適量

粉砂糖 —— 適量

下準備

・ 薄力粉はふるう。

・ 天板にオーブンシートを敷いてアーモンドとヘーゼルナッツを広げ、170
℃のオーブンで12〜15分ローストする。冷めたら1/4にカットする（ヘーゼルナッツはカット前に皮を取り除く）。

・ 天板にオーブンシートを敷く。

・ オーブンは150℃に予熱する。

作り方

1 ボウルに卵白と粉砂糖を入れ、ハンドミキサーで最初は粉砂糖が飛び散らないように手動で数回混ぜ、なじんだら「高速」で2分攪拌する。

2 薄力粉を加え、ゴムべらで底から上に返すようにして混ぜる。アーモンドとヘーゼルナッツを加え、同様にして混ぜる。

3 まな板の上に取り出し、ナッツが7mm角くらいになるまで包丁でカットしながら生地となじませていく a。

  * この時点で生地がぼろぼろしてまとまりにくいときは、少量の卵白（分量外）を加える。

4 生地を10等分にし、手のひらで丸めて天板に並べる。指で生地を押して、直径6cmくらいの丸形に整える b。表面にとき卵をはけで薄くぬり、茶こしで粉砂糖をふる。

5 150℃のオーブンで30分ほど焼き、網にのせて冷ます。

食べごろ・保存方法

半日くらいおいたほうがナッツの味を感じやすい。密閉容器に乾燥剤とともに入れて、室温で約2週間。

ヌガティーヌ・オ・フリュイ・セック

Nougatine aux fruits secs

キャラメルナッツ

材料

直径約12cm1枚分

グラニュー糖 ＿＿ 40g

水 ＿＿ 10g

はちみつ ＿＿ 10g

バター ＿＿ 10g

ミックスナッツロースト（市販）

＿＿ 80〜100g

* 好みのナッツ（ローストなし）を使用する場合
は、天板にオーブンシートを敷いて広げ、160℃
のオーブンで約15〜20分ローストする。

作り方

1 鍋にグラニュー糖と分量の水を入れ、全体が湿ってきたらはちみつ
を加えて中火にかける。

2 淡いキャラメル色がついたらバター
を加え**a**、ゴムべらで混ぜる。

3 バターがとけたらナッツ類を加え、
香ばしいキャラメル色になるまで混
ぜながら加熱する**b**。

4 オーブンシートの上に平らに広げ、
冷ます。

食べごろ・保存方法

密閉容器に乾燥剤とともに入れて室
温で約1か月。

カントゥッチ・アル・チョッコラート・エ・マンドルレ
Cantucci al cioccolato e mandorle
アーモンドとチョコレートのビスコッティ

イタリア発祥の焼き菓子で、一度焼いてスライスしたあともう一度焼くのが特徴です。
少し油脂分を加えることで食べやすい食感に。
ココアとチョコレートを使用してビターな味わいにした分、アーモンドの香ばしさが引き立ちます。

材料
約7×2.5cm15枚分

とき卵 ___ 35g

きび砂糖 ___ 35g

塩 ___ 0.6g

太白ごま油（またはサラダ油） ___ 6g

A ┌ 薄力粉 ___ 51g
  │ ココアパウダー ___ 9g
  └ B.P. ___ 1g

ビターチョコレート ___ 35g

アーモンド（ホール／皮つき） ___ 35g

ピスタチオ（あれば） ___ 6粒

下準備
・ Aは合わせてふるう。
・ チョコレートは7〜8mm角にカットする。
・ アーモンドは天板にオーブンシートを敷いて広げ、170℃のオーブンで12〜15分ローストする。冷めたら半量を1/2にカットする（残り半量はホールのまま）。
・ ピスタチオは半分にカットする。
・ 天板にオーブンシートを敷く。
・ オーブンは170℃に予熱する。

作り方
1 ボウルにとき卵、きび砂糖、塩を入れて、泡立て器で円を描くようにして混ぜる。太白ごま油を少しずつ加えながら、同様にして混ぜる。

2 Aを加え、ゴムべらで底から上に返すようにして混ぜる。8割方混ざったら、チョコレートとナッツ類を加えa、粉が見えなくなるまで混ぜる。

3 全体が混ざったら天板に細長い棒状になるように生地をのせ、約20×5cmの長方形に成形するb。
  ＊ べたつきやすい生地なので、軽く手をぬらして成形するとやりやすい。

4 170℃のオーブンで18分焼いて、オーブンシートごと網にのせて冷ます。

5 完全に冷めたらまな板に移し、1.3cm幅にカットする。
  ＊ 生地がくずれやすいので、切れ味のよいナイフでカットする。

6 再びオーブンシートを敷いた天板に断面を上にして並べ、150℃のオーブンで25〜30分焼き、網にのせて冷ます。

食べごろ・保存方法
半日〜一晩おいたほうがナッツの味がはっきり感じられ、チョコレートの味も落ち着いておいしい。密閉容器に乾燥剤とともに入れ、室温で約2週間。

バトン・ド・マレショー

Bâtons de maréchaux
アーモンドのバトン

アーモンドのコクと香ばしさを存分に味わえる素朴なお菓子。
焼きっぱなしでも充分おいしく、寒い時期はチョコレートをぬって仕上げるのもおすすめです。

材料

約7.5×1.5cm22個分

卵白 ___ 30g

微粒子グラニュー糖 ___ 13g

A
- アーモンドプードル ___ 25g
- 粉砂糖 ___ 25g
- 薄力粉 ___ 5g

アーモンドダイス(16割) ___ 約50g

〈仕上げ〉

ビターチョコレート(コーティング用)
___ 適量

下準備

・ 卵白は冷蔵庫で冷やす。

・ Aは粗めのざるでふるう。

・ 紙にガイドラインになる横線を7cm
  間隔で数本書いて薄い板にのせ、オ
  ーブンシートをのせる。

・ オーブンは170℃に予熱する。

作り方

1 ボウルに卵白を入れ、ハンドミキサーの「低速」で30秒ほど回しな
  がらほぐす。

2 ハンドミキサーの「高速」で撹拌しながら、グラニュー糖を3回に分
  けて加え、角がピンと立つしっかりとしたメレンゲにする。

3 Aを3回に分けて加え、その都度ゴムべらで底から上に返すように
  して混ぜる。

4 丸口金(口径1cm)をつけた絞り出し袋
  に入れて、ガイドラインに沿って約
  2cm間隔で7cm長さの棒状に絞る a。

5 表面にアーモンドダイスをふり、オ
  ーブンシートがすべらないように両
  脇を手でつかみ、板を立てて余分な
  アーモンドダイスを落とす b。

6 オーブンシートを板からスライドし
  て天板にのせ、170℃のオーブンで
  15〜16分焼き、網にのせて冷ます。

7 〈仕上げ〉コーティング用チョコレート
  を湯せん(約50℃)にかけてとかし、生
  地の底面(オーブンシートに接していたほう)
  を上にしてスプーンでぬり広げる。

8 チョコレートをぬった面を上にした状態で冷蔵庫に5〜10分入れ、
  チョコレートを固める。

食べごろ・保存方法
  密閉容器に乾燥剤とともに入れ、室温(暑い時期は冷蔵庫)で約1週間。

Raisin sandwich cookies

レーズンサンド

少し手間がかかりますが、1つひとつていねいに作れば驚きのおいしさに。
サンドしたときレーズンが横から見えるようにすると、おいしそうに見えます。

材料

7.2 × 3.5 cm 約18個分

〈生地〉

バター ___ 105g

粉砂糖 ___ 66g

卵黄 ___ 35g

アーモンドプードル ___ 47g

牛乳 ___ 9g

A ┌ 薄力粉 ___ 175g
  └ B.P. ___ 3.5g

〈ぬり卵〉

とき卵 ___ 10g

卵黄 ___ 10g

アーモンドスライス ___ 18枚

〈ラムレーズン〉

ドライレーズン（オイルコーティングなし）
___ 100g

ラム酒 ___ 100g

グラニュー糖 ___ 50g

〈バタークリーム〉

バター ___ 80g

ホワイトチョコレート ___ 40g

バニラオイル ___ 1滴

ラム酒 ___ 5g

〈イタリアンメレンゲ〉 でき上がり約70g

卵白 ___ 30g

グラニュー糖 ___ 30g + 7.5g

塩 ___ 0.3g

水 ___ 15g

下準備

・ 生地のバター、卵黄、牛乳は室温に
戻す。

・ Aは合わせてふるう。

・ 〈ぬり卵〉は合わせて茶こしでこす。

・ ラムレーズンのドライレーズンは沸
騰したお湯で1分ほどゆでてざるに
上げ、ペーパータオルで水気を取っ
て清潔な容器に入れる。

・ バタークリームのバターは室温に戻す。

・ 天板にオーブンシートを敷く。

・ オーブンは170℃に予熱する。

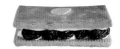

作り方

1　〈生地〉ボウルにバターを入れ、木べらでかための ポマード状に練り混ぜる。

2　粉砂糖を3回に分けて加え、木べらで大きな楕円を描くようにして混ぜる。卵黄、アーモンドプードル、牛乳を順に加え、その都度同様にして混ぜる。

3　Aを半量ずつ加えて混ぜ、その都度下から上に返しながら混ぜる。8割方混ざればOK。最後はカードにかえて、生地を底から上に返してボウルに押しつけながら粉が見えなくなるまでしっかり混ぜ、2等分する。

4　それぞれ2cm厚さくらいの正方形にまとめ、ラップで包んで冷蔵庫で3時間〜一晩ねかす。

5　冷蔵庫から1つ出し、周囲1cmくらいをあけてラップをふんわりと包み直す。生地をやわらかくするために、ラップの上からめん棒でたたく。その後、めん棒を転がして1cm厚さくらいにのばし、ラップごとひっくり返して同様にのばす。

6　ラップを開いて新しいラップをのせ、生地をサンドする。生地の両端に3mm厚さのルーラーを置いて、めん棒で長方形にのばす。ラップでサンドしたまま冷凍庫で15分ほど冷やす。

7　冷凍庫から出して7.2×3.5cmにカットし、オーブンシートに並べてはけでぬり卵をぬる。半量にアーモンドスライスを中央に1枚のせる。カット後の余った生地は、ひとまとめにして作り方6から同様にしてのばしてカットする。もう1つも5〜7を同様にして行う。

8　170℃のオーブンで18分ほど焼き、網にのせて冷ます。

9　〈ラムレーズン〉鍋にラム酒とグラニュー糖を入れて中火にかけ、沸騰したら火から下ろしてレーズンの容器に注ぎ入れ、一晩〜1週間おく。

10　〈バタークリーム〉ボウルにバターを入れて、ゴムべらでポマード状に練る。

11　ホワイトチョコレートを湯せん(40〜45℃)にかけてとかし、28℃くらいまで冷ましてから10に加え、泡立て器で混ぜ合わせる。バニラオイル、ラム酒を順に加え、その都度同様にして混ぜ合わせる。

12　〈イタリアンメレンゲ〉小鍋に分量の水とグラニュー糖30gを入れて弱火にかける。

13　その間にボウルに卵白と塩を入れ、ハンドミキサーの「低速」で30秒、回しながらほぐし、グラニュー糖7.5gを加えて、ハンドミキサーの「高速」で角が立つまで攪拌する。

14　12のシロップが115〜117℃になったら、13に少しずつ垂らしながら加え、ハンドミキサーの「高速」で1〜2分攪拌するa。28℃以下になったら40gをはかって取り出し、11に半量ずつ加え、その都度泡立て器で混ぜ合わせる。丸口金(口径11mm)をつけた絞り出し袋に入れる。

＊ バタークリームがかたくなったときは、湯せんにかけてやわらかくするとよい。

15　8のクッキーの半量に14を2列絞る。9のラムレーズンの水気をペーパータオルできり、両サイドに5粒、中央に3粒並べるb。

16　残り半量のクッキーには、15と同様にしてクリームを絞り、2枚のクッキーを合わせて冷蔵庫で冷やす。

＊ もろく割れやすいクッキーなので、合わせるときに押しすぎない。

食べごろ・保存方法
　当日はクッキーのサクサク食感が楽しめる。翌日から少しずつクッキーがしっとりしてきて全体がなじむ。密閉容器に入れて、冷蔵庫で約1週間。

残った
イタリアンメレンゲの
活用例

ゴムべらで軽く混ぜ、丸口金(口径11mm)をつけた絞り出し袋に入れて、オーブンシートを敷いた天板にしずく形に絞り(またはティースプーンで落とす)、100℃のオーブンで70〜80分焼いてメレンゲクッキーに。

サブレ・フーレ・オ・ショコラ・プラリネ

Sablés fourrés au chocolat praliné
チョコレートとプラリネのサンドクッキー

ほろ苦いココアのサブレで、ビターチョコレートとアーモンドプラリネをサンド。
チョコレートのビターな風味にアーモンドプラリネのコクが加わりリッチな味わいです。

材料

7 × 2.5 cm 13個分

〈生地〉

バター ___ 50g

A ┌ 薄力粉 ___ 80g
  │ B.P. ___ 0.8g
  └ ココアパウダー ___ 8g

B ┌ 粉砂糖 ___ 45g
  │ 塩 ___ 0.3g
  └ アーモンドプードル ___ 22g

とき卵 ___ 18g

〈クリーム〉

アーモンドプラリネ ___ 20g

ビターチョコレート ___ 20g

〈仕上げ〉

ビターチョコレート（コーティング用）
___ 適量

カカオニブ ___ 適量

下準備

・バターは5mm角にカットし、冷蔵庫で1時間ほど冷やす。

・Aは合わせてふるい、冷凍庫で1時間ほど冷やす。

・天板にオーブンシートを敷く。

・オーブンは160℃に予熱する。

作り方

1 ボウルに冷やしたAとバターを入れ、バターに粉をまぶす。

2 指の腹でバターをつぶしながら粉と合わせていく。バターの粒がある程度小さくなったら、手のひらで生地をすり合わせてさらに細かくするa。全体が粗い砂のような状態になればOK。

3 Bを加え、手で全体を混ぜ合わせる。とき卵を回し入れ、同様にして混ぜ合わせ、粉っぽさがなくなるまで手でもんでまとめる。

4 2cm厚さくらいの正方形にまとめ、ラップで包んで冷蔵庫で3時間ほどねかす。

5 冷蔵庫から出し、周囲を1cmくらいあけてラップをふんわりと包み直す。

＊ラップが密着していると、めん棒でたたいたときに破れるため。

6 生地をやわらかくするために、ラップの上からめん棒でたたく。その後めん棒を転がして1cm厚さくらいにのばし、ラップごとひっくり返して同様にのばす。

7 ラップを開いて新しいラップをのせ、生地をサンドする。生地の両端に3mm厚さのルーラーを置いて、めん棒でのばす。ラップでサンドした状態で冷凍庫で20〜30分冷やす。

8 ナイフで7×2.5cmにカットし、天板に並べる。160℃のオーブンで16〜18分焼き、網にのせて冷ます。余った生地はひとまとめにし、作り方7から同様にして焼く。

9 〈クリーム〉チョコレートを湯せん（約50℃）にかけてとかし、プラリネを加えてbゴムべらで均一になるまで混ぜ、ある程度ねっとりするまで室温におく。

10 クッキーの半量の下面（オーブンシートに接していたほう）に9をスプーンで薄くぬりc、もう1枚でサンドする。5分ほど冷蔵庫で冷やし固める。

11 〈仕上げ〉ボウルにコーティング用チョコレートを入れ、湯せん（約50℃）にかけてとかし、10につけてカカオニブを散らし、5〜10分冷蔵庫で冷やし固める。

食べごろ・保存方法

当日からおいしい。密閉容器に乾燥剤とともに入れ、室温（暑い時期は冷蔵庫）で約1週間。

ポルボロン
Polvorón
ポルボロン

中世期スペインの修道院で誕生したお菓子。
口の中で、ほろほろとはかなくくずれとけていく不思議な食感が特徴です。
焼いた小麦粉、シナモン、レモンが合わさった独特の香りは、クセになる魅力があります。

材料

直径約4cm11個分

バター ___ 50g

粉砂糖 ___ 35g

アーモンドプードル ___ 50g

レモンの皮のすりおろし ___ 1/6個分

A ┌ 薄力粉 ___ 50g
  └ シナモンパウダー ___ 1g

〈仕上げ〉

粉砂糖 ___ 適量

下準備

・ バターは室温に戻す。

・ **A**の薄力粉はフライパンに入れて強めの弱火にかけ、木べらで混ぜながらきな粉のような色がつくまで10〜15分炒める**a**。冷めたらシナモンパウダーと合わせてふるう。

・ 天板にオーブンシートを敷く。

・ オーブンは160℃に予熱する。

作り方

1 ボウルにバターを入れ、木べらでポマード状になるまで練り混ぜる。

2 粉砂糖を2回に分けて加え、その都度横長の楕円を描くようにして混ぜる。アーモンドプードルを2回に分けて加え、その都度同様にして混ぜる。レモンの皮のすりおろしを加え、同様にして混ぜる。

3 **A**を2回に分けて加え、底から返すようにして混ぜる。最後はカードでまわりを払いながら、粉が見えなくなるまで混ぜる。

4 ラップで軽く包み、両サイドに1cm厚さのルーラーを置いて、めん棒でのばす。

　＊ もろくてひび割れしやすい生地なので、ラップで包んだままのばす。

5 ラップで包んで冷蔵庫で15〜20分冷やし、丸型（直径3.5cm）で抜いて**b**天板に並べる。余った生地もひとまとめにし、作り方**4**から同様にして並べる。

6 160℃のオーブンで18分焼き、天板のまま冷ます。

　＊ くずれやすいので、オーブンから出したあと冷めるまで動かさないこと。

7 〈仕上げ〉粉砂糖を茶こしでふる。

食べごろ・保存方法

　密閉容器に乾燥剤とともに入れて、約2週間。

サブレ・オ・パン・デピス

Sablés au pain d'épices
スパイスのサブレ

ヨーロッパで親しまれているスパイスを使ったお菓子「パン・デピス」をイメージしたサブレ。
クリスマスシーズンには好みのクッキー型で抜いてリボンを通し、ツリーのオーナメントにしても good！

材料

ここでは 5×7cm 10枚、5×5cm 12枚、
4×2.5cm 14枚（いずれも直角3角形）、
4.5cm の正三角形7枚分

バター ___ 50g

A
| 薄力粉 ___ 75g
| B.P. ___ 0.5g
| シナモンパウダー ___ 1.2g
| ナツメグパウダー ___ 0.5g
| ジンジャーパウダー ___ 0.2g
| ココアパウダー ___ 1.5g

B
| 粉砂糖 ___ 45g
| アーモンドプードル ___ 30g

C
| とき卵 ___ 12g
| はちみつ ___ 8g
| バニラオイル ___ 1滴

下準備

・バターは5mm角にカットし、冷蔵庫
　で1時間ほど冷やす。

・Aは合わせてふるい、冷凍庫で1時
　間ほど冷やす。

・Cは合わせて混ぜる。はちみつがか
　たい場合は、湯せんにかけてやわら
　かくする。

・天板にオーブンシートを敷く。

・オーブンは160℃に予熱する。

作り方

1　ボウルにAとバターを入れ、バターに粉をまぶす。親指の腹でバタ
　　ーをつぶしながら粉と合わせていく。バターの粒がある程度小さく
　　なったら、手のひらで生地をすり合わせてさらに細かくする。全体
　　が粗い砂のような状態になればOK。

2　Bを加えて全体を混ぜ合わせ、Cを回し入れて全体を混ぜる。

3　カードで生地をボウルに押しつけな
　　がらまとめるa。2cm厚さくらいの正
　　方形にまとめ、ラップで包んで、冷
　　蔵庫で3時間〜一晩ねかす。

　　＊ 時間があれば一晩ねかす。素材どうしがよく
　　　 なじむ。

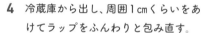

4　冷蔵庫から出し、周囲1cmくらいをあ
　　けてラップをふんわりと包み直す。

　　＊ ラップが密着していると、めん棒でたたいた
　　　 ときに破れるため。

5　生地をやわらかくするために、ラッ
　　プの上からめん棒でたたく。その後めん棒を転がして1cm厚さくら
　　いにのばし、ラップごとひっくり返して同様にのばす。

6　ラップを開いて新しいラップをのせ、生地をサンドする。生地の両
　　側に3mm厚さのルーラーを置いて、めん棒でのばす。ラップでサン
　　ドしたまま冷凍庫で20〜30分冷やす。

　　＊ バターが多いのでのばすときにべたつきやすい。べたついたら生地の表面に打ち粉（強
　　　 力粉／分量外）を軽くふる。

7　ナイフで好みの三角形にカットし
　　b、天板に並べる。160℃のオーブン
　　で16〜18分焼く。粗熱が取れたら
　　網にのせて冷ます。余った生地もひ
　　とまとめにして作り方6から同様に
　　して焼く。

食べごろ・保存方法

　　翌日以降のほうがスパイスやはちみつ、アーモンドの味を強く感じ
　　る。密閉容器に乾燥剤とともに入れて室温で約1週間。

ズブリゾローナ
Sbrisolona
大きなアーモンドクッキー

イタリアのロンバルディア州マントヴァの伝統菓子。
生地をそぼろ状のまま焼くことで、ほろほろとくずれるような独特の食感がユニーク。
アーモンドの香ばしさ、とうもろこし粉のプチプチした食感、
レモンのさわやかな香りの組み合わせが異国を感じさせます。

材料

直径18cmのタルト型1台分

バター ___ 50g
卵黄 ___ 18g
レモンの皮のすりおろし
___ 1/3個分

A
- 微粒子グラニュー糖 ___ 50g
- コーングリッツ ___ 40g
- アーモンドプードル ___ 20g
- 塩 ___ 0.6g
- アーモンド（ホール／皮つき）___ 30g

B
- 薄力粉 ___ 60g
- B.P. ___ 1g

アーモンド（ホール／皮つき）___ 12粒

下準備

・ バターと卵黄は室温に戻す。
・ Aのアーモンドプードルは粗めのざるでふるう。
・ Aのアーモンドホールは天板にオーブンシートを敷いて広げ、170℃のオーブンで12〜15分ローストし、冷めたら7mm角にカットする。
・ Bは合わせてふるう。
・ 型にバター（分量外）をぬる。
・ オーブンは天板を入れて170℃に予熱する。

作り方

1 ボウルにバターを入れてゴムべらでポマード状に練り、卵黄、レモンの皮のすりおろしを加えて混ぜ合わせる。

2 別のボウルにAとBを入れて、手で全体を混ぜ合わせる。1を加え、指先でつまんでほぐすようにして、そぼろ状になるまで混ぜ合わせるa。

3 型に入れ、そぼろがつぶれない程度に指の腹で表面を軽く押すb。アーモンドホールを軽く生地に押しつけて表面に飾る。

4 170℃のオーブンで30〜35分焼く。型のまま網にのせて冷まし、粗熱が取れたら型から取り出す。

食べごろ・保存方法

ラップやアルミホイルに乾燥剤とともに包んで室温で約1週間。

【 材料のこと 】

卵
Mサイズのものを使用。とき卵は全卵をよくときほぐしてから計量する。つなぎの役割やおいしそうな焼き色をつける役割がある。

乾燥卵白
卵白を乾燥させ粉末状にしたもの。メレンゲを作る際に少量加えると泡立ちが安定する。

薄力粉
グルテンが少ない小麦粉。密閉容器に入れて保存し、2か月くらいで使いきる。

コーンスターチ
とうもろこしを原料としたでんぷんの粉。グルテンを形成しないため、パウンドケーキやクッキーの小麦粉の一部を置き換えて使用すると軽い食感になる。

微粒子グラニュー糖
グラニュー糖より粒子が細かいため、生地になじむのが早く均一に混ざりやすい。ないときはグラニュー糖でもよい。

グラニュー糖
細かい粒でさらさらした結晶状の砂糖。精製度が高く、すっきりした甘みでくせがないのでお菓子作りに多用される。

粉砂糖
グラニュー糖を粉末にしたもので、粉末水あめ入りのものを使用。オリゴ糖やコーンスターチ入りのものでもよい。純粉砂糖の場合はダマになりやすいのでふるってから使う。

塩
フランス・ブルターニュ地方のゲランドの塩（顆粒）を使用。しょっぱさだけでなくうまみが強く、食材のおいしさを引き出す。

B.P.（ベーキングパウダー）
アルミニウムフリーのものを使用。バターや水分の配合が多いものに少量加えると、焼くときに炭酸ガスを発生させて軽い生地に仕上がる。密閉容器に入れて保存し、2か月くらいで使いきる。

バター
すべて食塩不使用のものを使用。冷蔵保存し、賞味期間内で使いきる。ラップやアルミホイルで包んで、冷凍庫で2か月保存可。

生クリーム
乳脂肪分45％前後のものを使用。メーカーによって45％や47％がある。どちらでもよい。

ラム酒
香りづけに使用。濃厚で芳醇な香りのダークラムがおすすめ。

アマレット
アーモンドのような香りの甘みの強いリキュールで、原料は杏仁。

キルシュ
さくらんぼから造られたフルーツブランデー。キルシュワッサーとも呼ばれる。無色透明で甘みはない。

オレンジリキュール
ビターオレンジの皮を使用して香りをつけた蒸留酒。さわやかで軽い風味が特徴。

グランマルニエ
フランスのオレンジリキュールの1つ。コニャックにビターオレンジのエキスを合わせて熟成させたもの。まろやかな味わいと深いこくがある。

アーモンドプラリネ
ローストしたアーモンドとキャラメル化した砂糖を合わせてペースト状にしたもの。

バニラオイル
バニラの香り成分を油に溶かしたもの。加熱しても香りが飛びにくいのが特徴。

チョコレート（コーティング用）
テンパリング不要のチョコレートでカカオバターを含まない。のびがよいので、コーティングに向いている。

クーベルチュールチョコレート
製菓用に使われる高品質のチョコレート。含まれるカカオバターやカカオマスの量が国際規格で規定されている。大別してビター、ホワイト、ミルクの3種類があり、お菓子によって使い分ける。

【 道具のこと 】

はかり
材料は細かい分量になっているので、0.1gまではかれるデジタル表示のものを使う。お菓子作りでは分量どおりにはかることが大切。

ボウル
熱伝導のいいステンレス製で、直径18cmと13cmの大小があると便利。生地を混ぜるときは大、チョコレートを湯せんでとかすときなどは小で。

鍋
直径12cmくらいの手鍋があると作業がしやすい。

ふるい・粗めのざる・茶こし
ふるいは細かい粉、粗めのざるはアーモンドプードルなど粒子の大きい粉、茶こしは粉砂糖など粉末状態の粉をふるうときに使用。

泡立て器
ワイヤのつけ根がしっかりしたステンレス製のものがおすすめ。24cmくらいの長さのものが使いやすい。

ハンドミキサー
「高速」「低速」などの切り替えで強弱をつけて攪拌する。機種によってパワーが多少異なるので、様子を見ながら攪拌時間の加減をする。

木べら
バターをかためのポマード状に練り混ぜたり、粉の多い生地を混ぜるときに使用。

ゴムべら
やわらかい生地を混ぜるときや、ボウルや木べらについた生地をはらうときに使用。耐熱性のものがおすすめ。

カード
最後に生地をまとめるときや生地を分割するときに使用。

食品温度計
キャラメルを煮つめるときやチョコレートを湯せんにかけてとかすときに使用。温度によってかたさや口どけが変わってくる。

はけ
型にバターをぬったり、生地にシロップやジャム、とき卵をぬるときに使用。シリコン製のものもある。

パレットナイフ
生地にクリームやジャムをぬったり、お菓子を移動させるときに使用。

ナイフ
ピスタチオやドライフルーツなどの小さなものを切るときは小さなナイフ、アーモンドやチョコレートなどのかたいものを切るときは大きなナイフが使いやすい。

波刃包丁
スポンジやパウンドケーキなど、気泡を含んだ生地をきれいにカットできる。持ち手に厚みがあって刃が薄く、刃渡り25cm前後ものが使いやすい。

天板
オーブンに付属のものとロールケーキの生地を焼くときに使うもの。ロールケーキ天板はオーブンの天板にのせて焼く。

オーブンシート
天板や型に敷いて使う。裏表どちらを使用してもよい。

ラップ
生地をのばすときは伸縮性の高い塩化ビニル製のものが破れにくい。生地を保存するときは酸素を通しにくいポリ塩化ビニリデン製のものが乾燥を防ぐ。

めん棒
45cmくらいの長さのものが使いやすい。

絞り出し袋と口金
洗って繰り返し使える絞り出し袋。使い捨てタイプもある。口金は丸口金と星口金を使用。

重し
タルトストーンとも呼び、タルト生地を焼くときに膨らみを防ぐためにのせる。ないときはあずき（乾燥）で代用してもOK。

下園昌江 Masae Shimozono

お菓子研究家。1974年鹿児島県生まれ。筑波大学卒業後、日本菓子専門学校で製菓の技術と理論を2年間学ぶ。その後パティスリーで約6年間修業。2001年からスイーツのポータルサイトSweet Cafeを立ち上げ、幅広い視点でスイーツの情報を発信する。お菓子の食べ歩き歴は25年。国内外のさまざまなお菓子を見て食べる中で、フランスの素朴な地方菓子や伝統的なお菓子の魅力にひかれるようになり、そのおいしさを伝えたいと2007年、自宅で菓子教室を開く。最近は実際に地方菓子の魅力を肌で感じられるお菓子をテーマに、フランスを巡るツアーも企画。著書に『フランスの素朴な地方菓子〜長く愛されてきたお菓子118のストーリー』（深野ちひろさんと共著、マイナビ出版）、『おいしいサブレの秘密』（文化出版局）がある。

HP http://www.sweet-cafe.jp/
Blog http://douce.cocolog-nifty.com/blog/
instagram @masaeshimozono

ブックデザイン 小橋太郎（Yep）

撮影 邑口京一郎

スタイリング 曲田有子

校閲 山脇節子

編集 小橋美津子（Yep）、田中 薫（文化出版局）

アーモンドだから、
おいしい

2021年5月2日　第1刷発行

著　者　下園昌江
発行者　濱田勝宏
発行所　学校法人文化学園 文化出版局
　　　　〒151-8524 東京都渋谷区代々木3-22-1
　　　　電話　03-3299-2485（編集）
　　　　　　　03-3299-2540（営業）
印刷・製本所　株式会社文化カラー印刷

文化出版局のホームページ　http://books.bunka.ac.jp/

［撮影協力］

TOMIZ（富澤商店）
オンラインショップ：https://tomiz.com/
商品のお問い合わせ先：電話 042-776-6488

タカナシ乳業
オフィシャルサイト：https://www.takanashi-milk.co.jp/
タカナシミルク WEBSHOP：https://www.takanashi-milk.com/

UTUWA
〒151-0051 渋谷区千駄ヶ谷3-50-11 明星ビル1F
電話 03-6447-0070